Aus Freude am Lesen

Ferienorte sind flüchtige Heimat. Oft verbinden sie sich mit dem Wunsch, für immer bleiben zu können. Und doch reisen wir ab. In der Regel. Die Reporterin und Romanautorin Angelika Overath hat sich, zusammen mit ihrem Mann und dem jüngsten Sohn, aufgemacht, aus einem Traum Realität werden zu lassen. Die Familie ist nach Sent ins Unterengadin gezogen. Ihr Buch erzählt, wie sich Wahrnehmungen und Lebensweise ändern, wenn das Feriendorf in den Bergen zum festen Wohnort wird.

ANGELIKA OVERATH wurde 1957 in Karlsruhe geboren. Sie arbeitet als Reporterin, Literaturkritikerin, Dozentin und hat bisher zwei Romane geschrieben, »Nahe Tage« und »Flughafenfische« – für den sie für den Deutschen und den Schweizer Buchpreis nominiert war. Zuletzt erschien der Band »Fließendes Land«. Die Autorin lebt in Sent, Graubünden.

Angelika Overath

Alle Farben des Schnees

Senter Tagebuch

btb

Verlagsgruppe Random House FSC-DEU-0100
Das für dieses Buch verwendete
FSC®-zertifizierte Papier *Lux Cream*
liefert Stora Enso, Finnland.

1. Auflage
Genehmigte Taschenbuchausgabe Oktober 2012,
btb Verlag in der Verlagsgruppe Random House GmbH, München
Copyright © 2010 by Luchterhand Literaturverlag, München,
in der Verlagsgruppe Random House GmbH
Umschlaggestaltung: semper smile
Satz: Greiner & Reichel, Köln
Druck und Einband: CPI – Clausen & Bosse, Leck
KS · Herstellung: BB
Printed in Germany
ISBN 978-3-442-74418-3

www.btb-verlag.de
Besuchen Sie auch unseren LiteraturBlog www.transatlantik.de.

für Esther Krättli

1. September

Scuol-Tarasp, Endstation der Rhätischen Bahn. Ich nehme meinen Rucksack. Vom Zug sind es wenige Schritte über den Bahnhofsplatz zur Haltestelle des Postautos nach Sent. Drüben auf der Südseite des Tals ziehen die weißen Gipfel der Unterengadiner Dolomiten über ein metallenes Schild aus Nachmittagsblau. Hinter dieser Bergkette beginnt schon Italien. Ich gehe durch Gruppen von sonnenmüden Touristen mit Teleskopstöcken, sportlich gefederten Kinderwagen, Rollkoffern. Radfahrer haben ihre Helme an die Lenker gehängt und halten die Gesichter in die Sonne. Es ist warm und riecht nach Schnee. Hier möchte ich Ferien machen, denke ich. Und dann erschrecke ich für einen Moment. Denn das ist vorbei.

Allegra, grüßt der Fahrer und knipst die Streifenkarte ab. Das Postauto fährt durch Scuol. Am Ende des Dorfs, auf der Anhöhe des Hospitals, biegt es rechts in eine Bergstraße ein und schraubt sich langsam einen Steilhang hinauf. Von weitem ist Sent zu sehen, kehrenweise: mit dem spitzen Kirchturm auf einem Terrassenvorsprung in den Wiesen, hoch oben über dem Inn. Das Postauto erreicht das Gemeindegebiet des Dorfes und die Straße wird zur schattigen Allee. Ich war auf einer Reise, denke ich, und jetzt fahre ich –

Warum zögere ich vor dem Wort »nach Hause«? Ich fahre dahin, wo mein Bett steht, mein Tisch, wo mein Mann liest und schreibt, wo unser jüngster Sohn zur Schule geht.

Seit gut zwei Jahren leben wir in diesem Bergdorf, das wir nur aus den Ferien kannten. Mittlerweile ist unser Alltag flächig geworden; es gibt nicht mehr die Spitzen des Überraschens. Und doch: vom Rheintal kommend beim Umsteigen in Landquart sofort die andere Luft, voll Heu, Schnee, die körperhafte Gewißheit, nun könne einem nichts mehr geschehen. Eine gute Stunde später, wenn die Rhätische Bahn durch die Felsenpforte ins Prättigau hineingefahren, oberhalb von Klosters im gedärmhaften Dunkel des Vereinatunnels verschwunden ist und bei Sagliains wieder ins Licht stößt: Herzklopfen. Immer noch.

2. September

Es sind zuerst die Augen. Die opaken, grünblauen, nach oben gekehrten Augen einer Gemse. Dahinter im Dunkel des offenen Kofferraums eine zweite Gemse. In den schmalen Mund hat ihnen der Jäger Edelweiß gesteckt. Die Tiere liegen in einer blumenhaften Drehung da, die ihnen nur bei leblosen Beinen gegeben werden konnte. Das feste Fell ist struppig; eckige Anmut. Am Bauch zeigen die Gemsen einen roten Schnitt. An den Kehlen auch.

Die Metzger des Dorfs haben mit Kreide auf ihren Straßentafeln frisches Wild angeschrieben.

3. September

Über Nacht ist der Wald hinter dem Dorf weiß, auch auf den Wiesen unterhalb des Waldrands liegt Schnee. Gegen Mittag werden die Hänge wieder abgetaut sein. Doch bald beginnt die weiße Zeit.

Mein Gemüsegarten über der Straße sieht aus wie ein Dschungel. Reisen rächt sich. Ich schäme mich, denn in Helens Garten nebenan stehen die Salatköpfe grün und unkrautfrei auf frisch geharkter schwarzer Erde. Ihre Akeleien blühen duftig, hoch ragt ihr Rittersporn. Noch ihr Schnittlauch hält sich gerade, während meiner überlang sich unter rosa Blütenkugeln biegt.

Auf meiner Seite: wuchernde Minze, monströser Mangold, überall und ausfernd Ringelblumen, die Wicken überwachsen den hohen Salbeistrauch, der blau blüht; die Reihen von Koriander sind ins Kraut geschossen. Nur die Reben ranken so, als gehörten sie hierher. Ich habe Americano-Trauben aus dem Tessin gesetzt, eine robuste Sorte. Jetzt bilden sich Früchte, manche noch grün, aber andere schon groß und dunkelblau wie dicke Heidelbeeren. Ich koste eine, und sie ist süß. Ich glaube, meine Rebstöcke sind die einzigen von Sent. Und bin ein bißchen stolz, daß sie in meinem Garten auf einer Höhe von 1450 Metern tatsächlich reifende Trauben tragen.

Engadin: Garten des Inn. Der Inn entspringt im Oberengadin oberhalb von Maloja nahe dem Lunghin-Paß und stürzt über Passau, wo er sich mit der Donau verbindet, ins Schwarze Meer. Er ist der Geschwisterfluß der Julia, die über den Rhein in die Nordsee fließt, und der Maira, die mit dem Po zur Adria strömt. Auf dem Dach des Engadins liegt Europas wichtigste Wasserscheide. Ich habe das Engadin immer als europäisch empfunden. Schwarzes Meer. Nordsee. Adria. Wo, wenn nicht hier, grenzte wie Böhmen die Schweiz ans Meer!

Du bist wieder da! sagt Helen. Sie bringt ein Sieb mit Grünabfällen für den Kompost, den wir uns teilen. Ihr linkes Auge ist noch verklebt. Seit ihrem Unfall entzündet es sich leicht, weil sich das Lid noch nicht selbstverständlich schließt. Sie steht da, aufrecht, und lächelt. Sie hat etwas von der Anmut eines Waldtieres, denke ich, etwas Scheues, Wildes.

    Wir sind zusammen Fahrrad gefahren, letzten Sommer. Helen auf dem Mountainbike immer voraus.

    Sie fährt noch da, wo ich kaum gehe. Von Sent aus ins Seitental Val Sinestra hinein, hoch auf eine Alp, dann steil hinunter und hinüber über eine Hängebrücke, eine Hand am Geländer, die andere das Velo tragend. Sie klettert mit dem Rad über Felsen und fährt schmale Wurzelwege, am Abgrund entlang. Unten ein zischender Gebirgsbach. Ich schiebe. Sie wartet. Sie zeigt mir Pilzplätze und weiß, wo wilder Spinat wächst.

Im Februar schneite es stark. Helen fuhr mit dem Auto von Sent hinunter nach Scuol. Die Strecke am Steilhang hatte keine Leitplanken. Das Auto ist gegen einen Baum der Allee geknallt und hat sich den Hang hinunter überschlagen. Ein aus Scuol kommender Busfahrer hat das auf dem Dach liegende Auto in der Schneewiese gesehen und den Notarzt angerufen. Der Notarzt hat die Bewußtlose ins Spital nach Scuol gebracht. Dort hat man sofort einen Rettungshubschrauber gerufen, der sie ins Krankenhaus nach Chur brachte. Es war viele Tage nicht sicher, ob Helen überleben würde.

Ja, endlich, sage ich. Sie lacht. Sie hat ihre Locken mit einem Band im Nacken zusammengebunden. Wann gehen wir Radfahren? frage ich. Ich fahre schon, sagt sie, zur Arbeit hinunter nach Scuol und wieder hinauf.
   Helen ist Sozialarbeiterin, wie ihr Mann Werner, der in Scuol die Buttega leitet, eine geschützte Wohn- und Arbeitsstätte für Menschen mit einer Behinderung.
   Schau, sage ich, alles ist verwildert. Es geht noch, sagt Helen, und ich habe so schon von deinem Mangold geerntet.

Hier wohnen heißt, hier etwas wachsen lassen können.

Hinter unserem Haus haben wir noch ein winziges Stück Wiese, da, wo früher der Heustall gegen Süden unmittelbar an das alte Hotel Rezia anschloß. Jetzt steht hier ein junger Kirschbaum. An der Bruchsteinmauer gegen Westen, die beim Abriß des Stalls stehenblieb, blüht ein Rosenstock. Johannisbeerbüsche tragen rote, gelbe, schwarze Früchte. Dazwischen Minze.

Immer wieder die Bemerkung: Das war aber mutig von euch. Das war doch eine Entscheidung! Und dann seid ihr da wirklich hingezogen? In ein Dorf in den Bergen?

Wir sind nach Sent gezogen, sage ich manchmal. (Und denke: Wir sind nicht in ein Dorf auf der Schwäbischen Alb gezogen. Und nach Zürich auch nicht. Und ist es nicht auch mutig, einfach weiterzuleben, wie man lebt?)

13. September

Mit dem Hund gehe ich die obere Dorfgasse Richtung Osten in die Wiesen hinaus. An der Weggabelung nehmen wir die mittlere Straße, die ins Val Sinestra führt. Nach wenigen Metern biegt rechts ein schmaler Feldweg ab. Hier beginnen die alten steilen Ackerterrassen, die heute fast alle Wiesen sind. Es gibt noch das eine oder andere Roggenfeld, Gerstenfeld. Nun sind sie abgemäht, helle Streifen. Unter mir liegt der kleine Friedhof. Etwa 300 Meter tiefer fließt der Inn. Je nach Windrichtung kann man sein Rauschen hören. Der Hund ist vorausgesprungen. Sein rotes Fell blitzt durch das Grün. Ich habe eine Robydog-Tüte für Hundekot an die Leine geknotet und beobachte ihn.

Ungefähr hier ist die Entscheidung gefallen.

Es war ein warmer Septemberabend im Jahr 2005. Der Hund sprang voraus. Der Umbau unserer Senter Ferienwohnung in dem alten Bauernhaus war so gut wie abgeschlossen. Manfred, mein Mann, und ich gingen nebeneinander, dem Verlauf des Tals gegen Osten nach, vor uns die gleißenden Schneegipfel des S-chalambert, von Österreich her ein milchiger Glanz, im Süden noch das blaue Licht aus Italien.

Ich sagte: Wir könnten auch hierher ziehen.

Manfred schwieg.

Nur kurz. Dann sagte er: Ja, das können wir machen. Nun schwieg ich. Er hatte das Verb im Indikativ benutzt. Im fehlenden Zungenschlag für ein »t« lag unsere Zukunft im Unterengadin.

Von nun an besprachen wir nur noch den Zeitpunkt des Umzugs. Silvia, unsere Tochter, studierte schon in Hildesheim. Unser Sohn Andreas stand vor dem Abitur. Unser kleiner Sohn Matthias würde im kommenden März sechs Jahre alt werden und sollte im Sommer in die Schule kommen. Würden wir sofort umziehen, wäre Andreas während des Abiturjahrs allein in Tübingen. Das wollten wir nicht. Wir entschieden uns, Matthias in Tübingen einzuschulen.

Ende Juli 2007 würden wir umziehen. Matthias sollte dann in die zweite Klasse der rätoromanischen Grundschule in Sent kommen.

14. September

Ich zupfe die vertrockneten Nelken in den Blumenkästen. Immer noch hängen tiefrote Blüten kopfüber vor dem Weiß der Fassade. Es ist eine alte Sorte: Engadiner Hängenelken. Sie blühen überall im Dorf. Ihre Silhouette erscheint in den Vorhängen der Bauernhäuser, auf Stickereien in den Stuben. Zwei, drei Wochen werden wir die Kästen noch draußen lassen können. Wann kommt der Schnee? Unsere Nelken stehen auf den Fensterbänken der Nordseite, zur Straße hin. Zwei der Kästen auf unserer Hausseite, drei weitere auf der breiteren Seite der Ferienwohnung.

Am Anfang sollte es nur eine Ferienwohnung sein.

Je nach Geduld unserer Zuhörer erzählen Manfred und ich die Geschichte in immer neuen Varianten. Wenn wir nicht in Sent wohnten, würden wir keine dieser Erzählungen glauben.

Es war im Herbst 1991/92. Eine ehemalige Studienkollegin hatte im Autoradio von Scuol gehört, einem Ort im Unterengadin, der noch nicht so touristisch und teuer sei. Sie schlug ein Freundestreffen in den Winterferien vor. Aus Tübingen, Heidelberg, Paris kamen wir in Scuol im Hotel Quellenhof zusammen, das mit seinem riesigen Speisesaal und den großen, nicht modernisierten Zimmern (ausladende Badewannen, Messingarmaturen, hohe Spiegel) noch etwas vom Glanz des Kurlebens der Jahrhundertwende hatte. Der Koch war Italiener, über weiße eingedeckte Tafeln zogen sich silberne Platten mit verschiedenfarbigen Nudeln. Das Scuoler Skigebiet Motta Naluns war nicht besonders groß, aber es war schön und es gab Pisten aller Schwierigkeitsgrade. Ich erinnere mich an einen Tellerlift, der um die Ecke fuhr und mehr sportliches Können und Gleichgewichtssinn erforderte als jede Abfahrt. Eine 13 Kilometer lange Piste führte von der Gipfelstation Salaniva hinunter in das Dorf Sent. Dort saßen wir dann an der Haltestelle Sent-Sala und warteten auf den Postbus nach Scuol. Und Manfred sah zu den dicken Häusern mit den Sgraffitofassaden und sagte: Wenn wir einmal Geld haben, kaufen wir hier eine Ferienwohnung.

Wenige Monate zuvor waren wir aus Griechenland zurückgekommen. Manfred hatte an der Universität Thessaloniki Deutsche Literatur unterrichtet. Ich war begleitende Ehefrau und Reporterin gewesen. Mir fehlte Griechenland und ich hätte mir auch eine Ferienwohnung auf der Peloponnes, in der Mani, vorstellen können. Aber Manfred sagte, da müßte man immer fliegen, und er kam mit der Hitze nicht besonders gut zurecht. Aber das Meer, sagte ich. Und sah über die Dächer ins Engadinblau.

Nach diesem ersten Winter kamen wir fast jede Ferien zurück. Im Sommer meist nach Guarda, das westlich von Scuol gelegene Terrassendorf auf 1650 Metern, Schauplatz des Bündner Kinderbuchs »Schellenursli«. Wir wanderten ins Tuoi-Tal hinein, sammelten Pilze, Silvia lernte Ziegen melken. Andreas schloß sich der Fußballjugend von Guarda an. Im Winter kamen wir zum Skifahren nach Scuol, Ftan oder Sent.

Die Jahrtausendwende verbrachten wir im Hotel Rezia in Sent. Ich war schwanger mit Matthias. Manfreds Mutter und meine Mutter waren schon tot; unsere alten Väter aber lernten den Kleinen noch kennen. Als sie innerhalb eines Jahres starben, erbten wir so viel, daß die Idee einer kleinen Ferienwohnung realistisch wurde. Wir nahmen Kontakt auf zu einem Immobilienhändler in Scuol. Es gab einige Bauprojekte, denen wir uns anschließen wollten, die aber nicht zustande kamen. Es schien, daß sich damals niemand außer uns für eine Ferienwohnung in Sent interessierte.

Im Sommer 2002 wurden wir in Scuol an einer der Reklamefensterscheiben des Einkaufszentrums Augustin auf ein kopiertes Din-A4-Blatt aufmerksam. Über die Photographie eines alten Bauernhauses war der Entwurf für zwei Wohnungen skizziert, eine große und eine kleinere. Hier war offensichtlich eine Überbauung geplant. Wir riefen bei der angegebenen Telephonnummer an und sagten, wir würden uns für die kleinere der beiden Wohnungen interessieren. Mengia war am Apparat, die älteste von vier Geschwistern. Ihre Stimme war dunkel und freundlich. Das Bauernhaus war ihr Elternhaus, ein altes Bäckerhaus. Es stehe leer. Die Erbengemeinschaft der Geschwister wolle es verkaufen. Mengia sagte, Mina, die jüngste Schwester, würde uns das Haus zeigen.

Wir verabredeten uns auf den nächsten Tag. Ein weißes Auto hielt vor dem Center Augustin. Mina, braungebrannt mit schwarzen, kurzen Haaren, stieg aus und gab uns die Hand. Steigt ein, sagte sie und dann fuhr sie uns, als ließe sie sich von den Kurven beschleunigen, nach Sent hinauf.

Wir hielten in der Dorfmitte hinter dem Hotel Rezia. Das Haus war häßlich. Rauher, auberginefarbener Putz, blaue, abbröckelnde Fensterläden. Wie ein Balkon hing schief ein selbstgebauter Hasenstall auf mittlerer Höhe. »Furnaria«, das romanische Wort für Bäckerei, stand blaß über einer kleinen Holztür. Wir gingen um das Haus herum. Mina öffnete das Eingangsportal. Wir betraten ein Gewirr von Treppen und Kammern auf mehreren Stockwerken. Mir war schwindelig. Wir folgten Mina hinauf und hinüber. Mina öffnete eine Tür und vor uns lag ein riesiger, leerer Heustall, durch die Ritzen flimmerte das Sonnenlicht. Die Holzböden gaben nach. Offensichtlich war darunter ein Viehstall. Wir gingen zurück, eine Treppe hinauf. Wir kamen in eine Stube, deren Wände außen aus übereinandergelegten rohen, runden Holzbalken bestanden, wie eine Skihütte. Innen war sie mit Brettern verkleidet und mit Ölfarbe in Türkis gestrichen. Unten dann eine kleine Küche mit gewölbter Decke und einer Stange, an der einmal Fleisch geräuchert worden war, daneben eine einfache Arvenstube mit einem gemauerten Ofen. Mina öffnete die Tür in der Gitterholzverschalung, und wir sahen, daß der Ofen begehbar war. Engadiner Tritt, sagte sie und zeigte auf drei kleine Stufen, die hinaufführten. Sie öffnete eine Klappe, durch die man nun nach oben in die türkisfarbene Skihütte hineinsah. Die Skihütte, verstanden wir, war die ehemalige Schlafkammer, die über den Ofen in der Arvenstube geheizt wurde. Beide Räume waren ursprünglich nur über die Holzstufen und die Klappe miteinander verbunden. Wir gingen wieder hinunter und weitere Treppen tiefer. Zwischen altem Gerümpel sah man die gußeisernen Türen einer wandgroßen, verkachelten Ofenanlage mit dem metallenen Schriftzug »Amicus«. Hier wurde einmal Brot für das Dorf gebacken.

Ich weiß nicht mehr, ob es hier war oder beim Blick in den Heustall oder in der Arvenstube, jedenfalls wußten wir, daß diese fremden Räume etwas mit uns zu tun hatten.
  Es gibt außer euch keine Interessenten, sagte Mina. Schade, sagten wir. Sehr schade. Nehmt das Haus ganz, sagte Mina. So viel Geld haben wir nicht, sagten wir. Da sagte Mina: Doch.

Mina war befreundet mit einem Architekten, der auch die Überbauungszeichnung auf dem kopierten Zettel gemacht hatte. Wir trafen Jachen in seinem Büro in Scuol. Er trug eine alte Strickjacke. Seine Haare waren wirr. Er lachte uns an. Wir sagten, wie viel Geld wir hatten. Er sagte, vergeßt die zweite Haushälfte. Wir nickten.

Das Haus war ein gassenbildendes traditionelles Engadiner Bauernhaus, die unregelmäßige Fensteranordnung wies auf einen Bau aus dem 17. Jahrhundert hin, der später aufgestockt worden war. Hier hatten Menschen und Vieh unter einem Dach gelebt. Das Haus verband Schlaf- und Wohnräume (gegen Norden) mit unterirdischen Tierställen und, darüber, einem riesigen Heuspeicher (gegen Süden, damit das Heu besser trocknete). Durch eine große Bogentür fuhr der Heuwagen in den hohen Hausflur, den Piertan, direkt bis in den Stall. Traditionell öffneten sich vom Piertan aus die Arvenstube mit dem Ofen, die Küche und die Vorratskammer. Da in unserem Haus aber noch eine Backstube Platz gefunden hatte, lagen diese Wohnräume eine halbe Treppe höher. Der Plan entstand, eine Wohnung, und zwar in diesem älteren östlichen Hausteil (Arvenstube, Küche, türkisene Schlafstube, Dachstuhl) für uns als Ferienwohnung umzubauen. Der westliche, kleinere Hausteil würde unberührt bleiben. Die Grundregel sollte sein: alles lassen, was man lassen kann. Nur dort erneuern, wo es notwendig war. Von den soliden Materialien die einfachsten nehmen: Holz und Glas. Wir sind freie Autoren, sagte ich. Es darf nicht mehr kosten, als wir haben. Der Architekt nickte.

Wir waren freie Autoren. Wir hatten drei Kinder. Manfred war frisch habilitiert und hatte in Tübingen eine Professur vertreten, die aus Spargründen nicht weiter vertreten werden durfte; ich schrieb Reportagen, Rezensionen, Radiosendungen, ohne feste Anstellung.

Es gab noch ein juristisches Problem. Wir waren Ausländer und konnten in der Schweiz kein ganzes Haus kaufen. Ich kenne einen Rechtsanwalt in Zuoz, sagte Mina und strahlte uns an. Die Sache sollte zu klären sein, vielleicht über einen Pachtvertrag.

Der Winter kam, und wir fuhren in den Ferien wieder nach Scuol. Wir stellten Matthias mit knapp drei Jahren auf Skier. Genaugenommen nahmen Silvia und ich ihn abwechselnd zwischen die Beine. Er jauchzte, je schneller wir fuhren; wir massierten hinterher unser Kreuz. Wie viele Male seit dem Freundestreffen in Scuol begleitete uns unsere alte Freundin Ute. Sie ist die katholische Patentante unserer nicht getauften Söhne. In Stuttgart leitet sie das Stefan George Archiv. An einem der ersten Tage, es war sonnig, der Himmel blau, zog sich Ute, die nicht Ski fährt (»Man soll keine Leibesübungen machen, wo Gottes eisiger Odem weht«), ihre Baskenmütze auf und wanderte durch die verschneite Landschaft hinauf nach Sent. Als sie zurückkam – wir saßen gerade beim Vesper in der Küche einer Ferienwohnung, an deren Wänden dicht an dicht 37 hornige Geweihe, Jagdtrophäen hingen, die wir mit Strohsternen geschmückt hatten –, starrte sie uns an, als käme sie aus einer anderen Welt. Ihr Gesicht war aschfahl. Sie hatte das Haus gesehen.

Seid ihr sicher, fragte sie tonlos. Seid ihr sicher, daß ihr das machen wollt? Ute war Erbin ihres Elternhauses, sie wußte, was es bedeutet, ein altes Haus zu übernehmen. Außerdem kannte sie uns. Wir sind handwerklich nicht begabt, um es vorsichtig zu sagen.

Wir kauften das Haus mit einem Nicken, einem Ja. Das Wort galt. Als im Sommer 2003 mit den Umbauarbeiten begonnen wurde, gehörte das Haus rechtlich noch nicht uns. Jachen und sein junger, ernster Kollege Rico hatten die Bauleitung übernommen. Sie erteilten den einheimischen Handwerkern die Aufträge. Wir vertrauten. Ab und an fuhren wir von Tübingen für ein paar Stunden nach Sent, um zu sehen, welche Fortschritte der Umbau machte. Im Auto hörten wir Vivaldi, Vier Jahreszeiten; Matthias liebte den Winter.

Manchmal schickte Rico Photos per Mail. Alles ging unwahrscheinlich gut.

Wir haben Welpenschutz, sagte ich zu Manfred. Wir hatten jetzt auch einen Hund, und ich hatte neue Wörter gelernt.

Einmal sagte Jachen, wir bauen in Scuol ein Haus für einen Manager um. Das, was dessen Küche kostet, kostet euer ganzer Umbau. Ich wußte, er übertrieb. Aber nur knapp.

17. September

Die Schwalben stürzen. Wie lange noch? Bald kommen die Bergdohlen. Im Sommer leben sie in großen Höhen; im Winter kehren sie in die Dörfer zurück.

13.20 Uhr. Die Mittagsschulglocke läutet. Ich sehe das metallene Schwingen im offenen Glockenturm. Matthias ist schon unterwegs zum Nachmittagsunterricht.

Es gab eine Wette zwischen Manfred und mir. Manfred sagte, nach dem Abriß des Stalls sieht man den Kirchturm. Ich sagte, das ist unmöglich, das Haus liegt zu tief. Und dann standen wir einmal vor der abgebrochenen Stallwand, an der nun eine Fensterfront entstehen sollte. Die Maueröffnung war mit Planen abgehängt. Ein Windstoß löste eine Folie, sie wehte kurz auf, und für eine Sekunde zeigte sich wie ein Wink die neugotische Nadelspitze der Senter Kirche.

Mitte September 2003 fuhren wir in Minas offenem Cabriolet nach Zuoz. Da das alte Bauernhaus im Dorfzentrum drei Jahre leer gestanden und sich kein Schweizer Käufer gefunden hatte, durften wir es als

Ausländer kaufen. Mina und Manfred unterschrieben den Vertrag. Als Ehefrau mußte ich meinen Beruf angeben. Ich war nicht darauf gefaßt gewesen und dachte, so ein unwahrscheinliches Haus hat einen unwahrscheinlichen Beruf verdient. Dann sagte ich zum ersten Mal: Schriftstellerin.

An Manfreds Geburtstag im Dezember, die Skisaison hatte gerade begonnen, feierten wir die Einweihung unserer Ferienwohnung.

Bereits im Januar 2004 vermieteten wir die Räume an Feriengäste. Anders war das Projekt nicht zu finanzieren.

Wir lernten, daß sich für die Wohnung sehr leicht Mieter fanden. Wir dachten an die zweite Haushälfte. Wir sprachen mit den Architekten. Wir nahmen eine Hypothek auf und ließen nun auch die andere Haushälfte umbauen. Es ging sehr schnell. Die Schreiner waren großartig. Im Herbst 2005 war nun auch der westliche Hausteil renoviert. Die Bäckerei hatte einen Holzboden und, wie auch der große Flur, einen weißen Wandanstrich bekommen. Wir standen in den hellen Räumen. Wir rochen das Arvenholz. Und dann gingen Manfred und ich mit dem Hund in die Wiesen hinaus und Manfred sagte: Ja, das können wir machen.

Wir wollten Dorfbewohner werden; aber was sagte das Dorf dazu? Wir fragten Mina und Mengia. Sollen wir nach Sent ziehen? Die beiden sahen uns skeptisch an.

Aber ihr behaltet eine Wohnung in Tübingen?

Nein, sagten wir, wenn wir kommen, kommen wir ganz. Und Matthias geht dann hier in die Schule.

Und die Kultur? fragten sie.

Unsere Bücher bringen wir mit, sagte ich. Der heuwagenhohe Hausflur würde die Bibliothek werden.

Und eure Freunde?

Unsere Freunde kamen auch nach Griechenland. Das war weiter weg als das Engadin.

Am Abend sehe ich ein großes, aufgeschlitztes Reh kopfüber vom Dach eines Schuppens hängen. Das Dorf ist jetzt leerer und aufgeladener zugleich. Ich war noch nie beim Jagen dabei, kenne das Leben auf den Jagdhütten nicht. Tierzeit, in der andere Gesetze gelten. Engadiner Jagd, das war für uns zunächst der Bildschirmschoner unseres Architekten Rico, auf dem ein 14-Ender erhaben über uns hinwegsah. Und dann begriffen wir, daß man während der Tage der Jagd, egal für welchen Auftrag, keinen Handwerker bekommt. Einmal möchte ich mitgehen; bislang habe ich im letzten Augenblick immer abgesagt. Ich will nicht sehen, wie ein Tier erschossen wird. Aber ich esse gerne Hirsch und Gemse und Reh. Sichere Widersprüche.

Bis Dezember kann man bei den zwei Senter Metzgern frisches Wild kaufen, über das Jahr gibt es Trockenfleisch. In Sent gehen auch Frauen zur Jagd. Vielleicht frage ich einmal eine Jägerin, ob sie mich mitnimmt. Aber auch Frauen schießen Tiere tot.

20. September

Matthias und ich fahren mit den Rädern ins Val Sinestra hinein. Helen hat uns eine steile Lichtung gezeigt, auf der es Pilze gibt. Von den Bäumen kommt ein warmer Geruch. Fichten, Föhren, Lärchen. Es braucht eine Weile, bis sich die Augen eingestellt haben. Das Finden des ersten Pilzes dauert am längsten. Die Augen müssen das Pilzesehen erst lernen. Die versteckten matten oder orangehellen Köpfe der Pfifferlinge im Moos, unterm Gras. Die dunklen Hüte der Steinpilze im Schatten eines tiefen Gezweigs. Ihr runder, dicker Stiel. Es gibt auch Preiselbeeren, Heidelbeeren, Himbeeren. Wir verlieren uns, rufen nach einander. Als wir müde sind, haben wir sicher zwei Kilo Pilze gefunden. Wir geben sie in die Fahrradtaschen und fahren heim.

Lesung in Sent, in der Grotta da cultura. Noch vor unserem Umzug hatte sich im Dorf eine Kulturvereinigung gebildet, die in einem kleinen Gewölbekeller des Hotels Rezia einen Veranstaltungsraum mit Bar und Internet eingerichtet hat. Die Gemeinde unterstützt das Projekt, indem sie die Miete bezahlt. In der Grotta da cultura finden regelmäßig Konzerte, Filmabende, Lesungen und Ausstellungen statt, meist mit Bezug zum Dorf. Aber der Bezug zum Dorf kann auch nur darin bestehen, daß sich jemand aus dem Dorf für irgendetwas interessiert. Dann hat er in der Grotta da cultura einen Raum dafür.

Es ist viel schwieriger, im eigenen Dorf zu lesen als in der Fremde. Vor meiner Lesung wird die Ausstellung mit Druckgrafiken von Gian Andri Albertini eröffnet. Er ist im Oberengadin geboren und lebt seit 1982 in Sent. Hier arbeitet er auch als Küster und macht Dorfführungen. Ida, seit ihrer Pensionierung freie Organistin in einigen Gemeinden des Unterengadins und Mitglied des Programmkomitees der Grotta, kam auf die Idee, daß es zwischen dem Ende der Ausstellungseröffnung und meiner Lesung Klaviermusik geben solle. Diabelli, vierhändig, sagt Ida, sie lacht mit ihren roten Lippen. (Wir haben schon zusammen gespielt.) Das kann ich nicht, sage ich. Ich werde mich verspielen. Das hört keiner, sagt sie.

Anfänge, denke ich. Warum sind in diesem Dorf auf einmal Anfänge möglich.

Als Kind habe ich immer Klavier spielen wollen. Meine Eltern aber sagten, die Wohnung sei zu klein für ein Klavier und kauften mir ein Akkordeon. Mein Akkordeonlehrer hieß Herr Wiener. Herr Wiener war ein alleinstehender, melancholischer Mann, der in einer Musikalienhandlung der Stadt als Verkäufer arbeitete. Wie meine Mutter war auch er ein sudetendeutscher Flüchtling. Einmal die Woche kam er nach der Arbeit abends zu uns nach Hause, und ich saß mit dem Akkordeon auf den Knien am Wohnzimmertisch. Meine Mutter sah zu. Herr Wiener leitete auch ein kleines Akkordeonorchester in einem Dorf vor der Stadt. Ich wollte mir einbilden, daß es besser sei, Akkordeon zu spielen als gar kein Instrument. Ich übte »Die Himmel rühmen«, die Arienmelodie der Barcarole von Jacques Offenbach oder klassische Stücke heiterer Volksmusik. Ich war kein heiteres Kind. Ich mochte auch die enge Bewegung nicht, mit der der linke Arm, während die linke Hand flink die Baßknöpfe drückt, den Balg auseinanderzieht und wieder zusammenpreßt. Ich habe etwa zwei Jahre lang Akkordeon gespielt, von knapp elf bis dreizehn Jahren, es waren die ersten Jahre der Menstruation.

Im Herbst nach dem Umzug haben Matthias und ich mit Klavierunterricht begonnen bei Oscar, an der Musikschule in Scuol. Ich hätte auch in Tübingen Klavierspielen lernen können. Aber erst mit dem anderen Ort kam die vergessene Kindheitslust. Und der Mut, noch einmal zu beginnen.

Gut, sage ich zu Ida, wir spielen.

Ida gehört zu den Randulins, den Schwalben. Über die Jahrhunderte sind Engadiner, vor allem Senter, aus Not, aus Abenteuerlust nach Italien gegangen und haben versucht, dort als Zuckerbäcker ihr Glück zu machen. Wenn sie scheiterten, hörte man nichts mehr von ihnen. Aber vielen gelang es, zunächst in Venedig, später in Florenz, Livorno, Siena, Pisa, La Spezia, San Remo, Neapel, Bari, Catania und anderswo eine neue, städtische Existenz zu gründen. Auch in Marseille oder Petersburg, Berlin und Kopenhagen entstanden Bündner Kaffeehausdynastien. Ende des 18. Jahrhunderts lebte etwa ein Fünftel der Senter Bevölkerung in der Fremde. Vor allem die Auswanderer nach Italien aber blieben ihrer Heimat im Unterengadin verbunden. In den Sommern kamen sie zurück. Und sie investierten in das Dorf ihrer Kindheit. Sie bauten italienische Palazzi und legten auf der Senter Straße eine Baumallee an, die hinunterführt bis an die Gemeindegrenze von Scuol. Seit Generationen treffen sich, meist im August oder auch um Weihnachten, die Randulins aus Italien, die Wurzeln im Dorf haben. Sie kommen in die Paläste, die ihre Vorväter hier neben die dicken Bauernhäuser gebaut haben und überziehen das Dorf der Bauern und Handwerker mit einer urbanen Italianità. Ida ist eine Schwalbe, die blieb. Seit ihrer Pensionierung vor vier Jahren wohnt sie in der ehemaligen Sommerresidenz ihrer Familie, in der auch ihre Mutter das Alter verbracht hat. Ida trägt gerne Schwarz und Rot, manchmal Ringelsocken, manchmal Dekolleté. Randulins erkennen sie sicher als eine der ihren. Dieser kleine Anflug von städtischem Chic, auch wenn sie Wanderhosen und Sportschuhe trägt. Je nachdem, mit wem sie spricht und über was sie spricht, wechselt sie (manchmal mitten im Satz) zwischen Italienisch, Romanisch, Deutsch. Die Randulins sprechen ein anderes Romanisch, sagt sie, ein Romanisch mit viel Italienisch drin, sie haben ganz eigene Ausdrücke. Und in Italien bilden sie immer noch Netze, Kolonien aus Sent.

Wir haben also geübt, Ida und ich, vierhändig. Und weil ich Angst vor dem Klavierspielen hatte, hatte ich keine Angst mehr vor der Lesung. Es ist keine Kunst, gut zu sein. Aber auszuhalten, daß man etwas nicht kann und es dann trotzdem zu versuchen, das ist schwer. Ein Kind weiß das nicht. Es bewundert den besseren Mitschüler, der sich souverän in einem Fach bewegt und dann auch noch eine gute Note bekommt. Aber ist es nicht eine mindestens ebenso hervorragende Leistung, wenn ein schlechter Schüler, bei fortschreitendem Lernstoff, seinen Stand doch hält?

Ich war immer schlecht in Mathematik, obwohl mich Mathematik fasziniert hat. Sinus- und Cosinuskurven, Tangenten, die Algebra der Matrizen, unendliche Zahlen, irrationale Zahlen. Aber ich konnte nicht rechnen. Ich habe immer Fehler gemacht. Vielleicht, weil ich Angst vor den Fehlern hatte.

22. September

Der geweißelte Gewölbekeller der Grotta ist fast voll. Das Publikum ist gut gelaunt und klatscht. Ich spiele lausig. Ida rettet, was zu retten ist. Hinterher kommt eine Frau auf mich zu und sagt: Sie haben einen schönen Anschlag.

23. September

Esther Krättli, Redakteurin vom Romanischen Radio in Chur, hat mir Gedichte der rätoromanischen Lyrikerin Luisa Famos (1930–1974), die im Nachbardorf Ramosch lebte, auf eine CD gesprochen. Ich höre die Verse im Echo von Esthers Stimme:

Vers saira
Cur sunasoncha
Rebomba tras cumün
Tuot dvainta nouv

Am Abend
Wenn die Glocken
durch das Dorf widerklingen
wird alles neu

Wir kannten uns nicht. Esther wollte für eine Sendung das neue Buch von Nicola Bardola, »Schlemm«, besprechen, das vom Freitod seiner Eltern in einem Ort Sins handelt. Sins ist unschwer als Sent zu identifizieren. Bardolas Eltern, Randulins (die Urgroßeltern waren um 1900 aus Sent ausgewandert und hatten in Genua eine Zuckerbäckerei und die Bar Bardola gegründet), besaßen in Sent ein Haus. Esther suchte nach einem zweiten Buch, das für eine Radiosendung zu Bardolas »Schlemm« passen würde. Beim Umsteigen nach Chur fiel ihr in einer Zürcher Bahnhofsbuchhandlung eine

Neuerscheinung auf, ein Buch über den Tod einer Mutter. Sie kaufte meinen ersten Roman »Nahe Tage«.

Als wir, es war vor unserem Umzug, wieder einmal in Sent waren, sprach mich beim Hundegang eine Frau an. Sie arbeite beim Radio Rumantsch, ob ich denn wisse, daß mein Buch dort besprochen worden sei. Ich fragte, ob sie die Redakteurin bitten könne, mir eine CD zu schicken. Die CD kam nach Tübingen. Ich bedankte mich. Die Redakteurin Esther Krättli hatte nicht gewußt, daß wir in das Dorf umziehen wollten, in dem der Roman von Bardola angesiedelt war.

Nach unserem Umzug lud Esther Krättli Manfred, Matthias und mich zu einem Doppelfest nach Thusis ein: die Taufe ihrer zweiten Tochter Mia und ihr vierzigster Geburtstag. Da lernt ihr gleich ein paar Romanen kennen, sagte sie. Es war Ende August. Wir lebten nun schon vier Wochen in Sent. Vor einer kleinen Taufkirche sahen wir uns zum ersten Mal.

24. September

Neben Idas Flügel steht ein Luftbefeuchtungsgerät. Damit er die Stimmung behält, sagt sie. Auf ihrem Bildschirmschoner schwimmen Fische. Von den Wänden schauen die gemalten Ahnen herunter, schwarzgekleidete ernste Persönlichkeiten mit weißen Kragen, die Frauen Wickelkinder im steifen Arm. Bündner Buffets, italienische Truhen, Bücher, Noten. Ida sagt, ich sei gut gewesen; das stimmt nicht. Aber wir haben beide begonnen, meine Unzufriedenheit nicht mehr ernst zu nehmen. Wir zitieren uns. Es gibt einen Walzer, den wir schön zusammen spielen. Sie schenkt mir »Rimas«, Gedichte ihres Urgroßvaters Chasper Po, der, 1856 in Sent geboren, schon mit 13 Jahren nach Italien zog. Er starb 1936 in La Spezia. Sie sagt, einmal zeige ich dir das alte Kochbuch meiner Tante, da sind Rezepte drin, und auf den Rückseiten oder da, wo ein Zwischenraum ist, steht immer wieder ein Gedicht.

25. September

Seit ich in Sent wohne, schreibe ich mehr. Die Berge sind ein Gegengewicht zu den Zeilen. Matthias, der sich in Tübingen immer genau verabreden mußte, trifft seine Freunde jetzt spontan auf dem Fußballplatz, wenige Minuten vom Haus entfernt. Manchmal sehe ich meinen Sohn nur zu den Mahlzeiten. Er orientiert sich an den Glocken: der Schulglocke in der Früh und am Nachmittag. Und am Abend ruft die Nachtglocke die Kinder nach Hause. Im Winter um 20 Uhr; im Sommer um 20.30 Uhr.

Matthias verwildert, sage ich zu Manfred. Manfred sieht nicht einmal von seinem Buch auf.

Ich reise viel.

Gestern nach Wien. Einladung eines mir nicht bekannten privaten Kultursenders. Ich putze mir die Zähne in der Flughafentoilette. Zur Maske, sagt eine junge Frau. Ich laufe einem jungen, rotlockigen Mann hinterher, der mich zu einem Auto führt. Es parkt auf dem Flughafengelände auf einer Brücke. Er öffnet die Fahrertür des Wagens, ein Porsche aus den siebziger Jahren. Die ledernen Sessel sind aufgerissen. Ich möge mich hinsetzen. Ich rutsche auf den Fahrersitz im 90-Grad-Winkel. Meine Füße stehen auf dem Asphalt. Aus dem Kofferraum holt der junge Mann einen Schminkkoffer. Bitte nicht, sage ich. Klar, sagt er, nur ein bißchen Puder. Dann schaut er mich an und sagt: Darf ich die Haare um den Mund ein wenig entfernen. Gerne, sage ich. Ich schiebe mein Gesicht leicht nach vorne in die Sonne. Er nimmt eine Pinzette und zupft. Ein Wind kommt auf. Auf einmal bin ich fröhlich. Ich sage, ich habe Haargel dabei. Wenn Sie das mögen, sagt er. Er pudert mein Gesicht. Ich nehme ein bißchen Gel auf die Fingerspitzen und fahre durch meine Haare. Wir lachen. Ich bin sicher, er ist homosexuell.

Dreh am Rande des Rollfelds. Ein Sicherheitswagen neben uns. Auf einmal ein relativ großes Team. Ein Kronleuchter wird an einer Stange hochgehoben und über einen kleinen Tisch gehalten. Rechts und links Regiestühle für den Moderator und für mich. Der junge Mann mit den roten Locken nestelt mir am Rücken das Mikrophonkabel unter das T-Shirt, dann legt er mir sehr sorgfältig meinen Pullover über die Schultern. Es ist windig und sonnig. Sie drehen mit zwei Kameras, eine läuft über Schienen. Später sagen sie, sie drehen in Österreich und in der Schweiz Kultursendungen an besonderen Orten. Da möchte ich ihnen Sent zeigen. Ich ziehe mein Notebook aus der Tasche. Sie sehen die Kinder, die auf dem neuen Fußballplatz kicken, die Kette der Schneeberge, den sehr grünen Kunstrasen. Sie staunen. Hinter uns startet ein Flugzeug.

Wien–Zürich ist eine Stunde. Vom Flughafen Zürich nach Sent sind es vier.

28. September

Herbstbäume wie große Früchte. Aprikosenlicht, Apfelglanz. Eine flammende Birke. Noch sind die Lärchen grün, aber bald brennen die Hänge bis hinauf ins Blau.

Abends. Ein Feriengast, Herr R., kommt zurück von einer Fahrradtour. Er strahlt. Wo er denn war, frage ich. Über den Berninapaß, sagt er. Wie? sage ich. Er nickt: mit dem Zug bis Pontresina, dann zur Paßhöhe Ospizio Bernina und von da die lange Abfahrt nach Tirano hinunter. Mit dem Zug zurück. Auf der Paßhöhe sei Winter gewesen, alles voller Schnee. Und in Tirano unten dann die Zitronenbäume. Er habe eine Pizza im Freien gegessen.

Anfang Oktober

Im Dorf liegen 20 cm Schnee, der Himmel ist weiß, die Berge sind nur noch eine Schabespur im Weißen.

Kurz nach unserem Umzug brachte Matthias eine Schulkameradin mit, ein Mädchen mit blauen Augen und braunen Locken. Das Kind betrat unsere Wohnung und sah sich um. Langsam sah es über die hohen Wände mit den sehr vielen Büchern, und ich sah, daß es vielleicht noch nie so viele Bücher auf einmal gesehen hat.

Aber das Mädchen sah, daß ich das sah.

Da drehte es sich zu mir um, schlug die großen Augen auf und sagte: Und mein Vater hat 200 Schafe!

Donnerstag, 8. Oktober

Chorprobe in Ramosch, dem tiefer gelegenen Nachbardorf. Wir treffen uns in Sent beim Brunnen auf dem Platz. Wir sind etwa zehn Sängerinnen und Sänger; wir rutschen zusammen in drei Autos. Wenn wir weniger sind, auch in zwei. In den Autos wird romanisch gesprochen. Ich singe gerne, aber ich singe im Chor von Ramosch, weil es eine sichere Möglichkeit ist, einen Abend mit Romanen zu verbringen. Ganz langsam lerne ich sie kennen, den Mann von der Pension am Platz, seine Tochter vom Senter Tourismusbüro, die Kindergärtnerin in der Filzjacke, die Pensionärin, die in Südamerika gelebt hat, Wanda, die holländische Besitzerin des Hotels Val Sinestra, in dem vor allem holländische Reisegruppen Ferien machen. (Es gibt einen direkten Busverkehr von Holland nach Sent; Minas Mann Jürg fährt im Winter wöchentlich einen der Busse.) Oft kommt auch Annina, eine junge Schauspielerin, zu den Chorproben.

Die Chorleiterin Nina ist Sopranistin; an der Musikschule von Scuol unterrichtet sie Gesang. Die junge, alleinerziehende Mutter aus Bayern hatte sich während der Ferien im Unterengadin in einen einheimischen Snowboardlehrer verliebt. Mittlerweile sind sie zu viert. Nina leitet den Chor auf romanisch. Es ist schön, in einem Chor zu stehen. Am Donnerstagabend bin ich eine Stimme in einer größeren Stimme, die mich trägt. Quai fast tü schon! Das machst du schon, sagt Nina zu einem Tenor, der heute alleine singen muß. Dann lacht sie und sagt: amo üna jada. Noch einmal. Wenn es gar nicht geht, singt Nina mit. Sie gibt nicht auf. Und vermutlich singe ich auch im Chor von Ramosch, weil Nina ihn leitet.

Später in der Nacht, beim Aussteigen auf dem Senter Dorfplatz, sagt die junge Schauspielerin: Ich wollte nicht hierbleiben. Ich kam aus Barcelona, ich wollte sehen, was ich weiter machen kann. Aber dann gab es hier so viele Möglichkeiten. Und weißt du, im Dorf bin ich die Annina. Sie kennen mich und sagen auf der Straße: Chau Annina!

Anninas Vater ist Tscheche, er kam nach der Niederschlagung des Prager Frühlings in die Schweiz. Ihre Mutter ist Romanin.

Sonntag, 18. Oktober

Literaturtage in Konstanz. Ich soll auf dem Flugplatz in einem Hangar lesen. Die Lesung beginnt um 17 Uhr. Es ist noch Zeit. Einer der Piloten legt mir die Hand auf die Schulter und macht eine auffordernde Kopfbewegung. Ich komme mit über den Rasen, und da zieht er schon eine Plane von einem zweisitzigen Ikarus-Leichtflugzeug. Ob ich Angst habe? Er startet zu einen Rundflug über den Bodensee. Ich sehe den Rhein im See. Seinen Flußkörper in Grün, Türkis, fast blau. Ob er auch ins Engadin fliegen könne? frage ich den Piloten. Freilich, sagt er sofort, Flugplatz Samedan. Sent, sage ich, heißt mein Dorf, bei Scuol. Scuol, sagt er, kenne ich. Er deutet mit der Hand über die Alpen. Ungefähr dort, sagt er.

21. Oktober

Nach der Sommerpause haben die Klavierstunden bei Oscar wieder begonnen. Oscar, geboren auf Sizilien, unterrichtet an der Musikschule in Scuol. Er ist Konzertpianist. Schnell habe ich mich daran gewöhnt, daß Matthias besser spielt als ich, nicht nur weil er regelmäßiger Stunden hat. Aber heute sitzt eine neue, erwachsene Schülerin neben Oscar am Klavier. Eine Anfängerin. Vielleicht 10 Jahre jünger als ich. Vielleicht hatte sie zwei oder drei Stunden. Ich setze mich und höre und sehe, wie sie die ersten kleinen Stücke sofort spielt, die ich lange üben mußte. Er begleitet sie. Und sie spricht mit Oscar romanisch.

22. Oktober

Ich lese »Die Wende« von Cla Biert (1920–1981). Das Buch des Scuoler Schriftstellers und Lehrers erschien 1962 auf Romanisch (»La Müdada«), 1984 auf Deutsch. Es handelt von den Bergbauern im Unterengadin an der Schwelle des traditionellen ländlichen Lebens zur neuen Zeit der Landwirtschaftsmaschinen und des aufkommenden Tourismus. Im Zentrum steht ein begabter Bauernsohn, der sich entscheiden muß, ob er, in der Tradition der Randulins, in der Fremde sein Glück suchen oder in der Heimat bleiben und die Zeit des Umbruchs in seinem Dorf mitgestalten soll. Es ist ein wunderbar langsames, atmosphärisch dichtes Buch, voll sinnlicher Alltagsdetails. Ein Dorfkrämer etwa zeigt seine fein säuberlich etikettierten Schubladen mit den Mehlsorten: »Wirklich, es gibt zehn verschiedene Weißtöne: Das eine Mehl ist schneeweiß, ein anderes wie Milch, das nächste hat die Farbe der Birkenrinde; dann kommt eines mit einem Stich ins Gelbliche; und da sieht eines aus wie das Fett eines geschlachteten Tieres; daneben ist wieder ein ganz anderes, das eher der Farbe des Schweinefleisches gleicht; dann gibt es eines, das aussieht wie Kalk, und zuletzt noch ein eigenartiges, rauhes Weiß wie Fließpapier.«

15. November

Lesereise: Bremen, Lübeck, Rostock, Lüneburg, Hannover, Mühlheim in einem Omnibus, Köln beim Rundfunk, Oldenburg.

Zugfahren. Lesen. Hotel. Zugfahren. Flache Landschaft mit Jägersitzen. Sind es so viele oder sieht man, wenn sie einmal aufgefallen sind, nur noch Jägersitze? Wie bei den Pilzen, nur sucht man Jägersitze nicht. Heute etwas Licht, nicht nur Regen wie an den vorangegangenen Tagen. Der Himmel lockert auf, transparente Bläue, Wolken von einem warmen, leicht schmutzigen Weiß. Ich bin den Glanz gewohnt. Ich nehme einen Verlust der Schau-Unschuld wahr.

Gestern fragte ein junger Mann aus dem Publikum: Warum schreiben Sie nicht mehr Nähe?

Hotel Steigenberger in Rostock: Es riecht schlecht beim Betreten des Zimmers. Nicht schmutzig, aber unangenehm, eine Mischung aus Rauch und Raumspray.
Was ist ein gutes Hotel?

Beim Frühstück noble Massenabfertigung. Schlangestehen am Lachs. Erinnerung an meine Mutter, die Buffets ablehnte. Sie wollte ihr Frühstück am Tisch serviert bekommen. Sie wollte sich nicht anstellen, sich etwas nehmen müssen.

Lüneburg, Frühstück im Hotel Bremer Hof: Handwerker, Handlungsreisende, der solide Morgengeruch von Arbeit.

Am Bahnhof in Oberhausen das Reklameschild in geschwungener Schrift »Rosen erfreuen immer« und »Rosen unsere Stärke«. Am nächsten Tag beim Frühstück auf dem Tisch die Karte: »Today's recommendation: Discover love. Order a dessert.« Auf der Rückseite in entschärfender deutscher Übersetzung: »Unsere Empfehlung des Tages: Entdecken Sie eine neue Liebe. Bestellen Sie ein Dessert.«

Köln, WDR-Studio. Die verrückte Intimität eines Tonstudios. Auf den Ohren spüre ich das Unverhältnismäßige von Kopfhörern. Hinter Glas sehe ich zwei junge Männer, die meinen Atem beurteilen. Sie hören jede Nuance, jedes Schlucken. Ich muß mich jetzt auf diese technische Übernähe einlassen. Ich schaue gegen die Scheibe, zu den beiden Gesichtern, und denke, also gut, jetzt lese ich richtig schön. Und auf einmal tragen die Sätze.

Danach Einkaufen mit Andreas. Jedesmal bin ich erstaunt über seine Größe. Er hat gerade begonnen, an der Deutschen Sporthochschule zu studieren. Er braucht alles: T-Shirts, Hosen, Jacken. Ich bin gerne in Sportgeschäften. Ich zähle die Stunden. Noch drei, noch anderthalb, noch eine. Wir gehen chinesisch essen. Wir verabschieden uns am Bahnhof. Er fährt vor mir ab.

Silvia in Hannover. Wir gehen persisch essen. Wir kaufen einen weißen Mantel aus Wollplüsch, Strumpfhosen, Schuhe. Ich kaufe mir einen schwarzen Pelikanfüller mit dünner Feder. Wir ziehen uns um im Hotel Luisenhof, ich habe ein riesiges Zimmer, wir plündern die elaborierten Badeartikel. Silvia ist schmal, anmutig, mit schulterlangem, braunem Haar. Sie kommt mit zur Lesung. Danach trinken wir Weißwein an der Hotelbar. Wir beobachten den Barkeeper, der mit einsamen Trinkern lächelt, als seien sie bei ihm für eine Weile zu Hause. Ich bringe Silvia zur S-Bahn.

Am Morgen der weiß eingedeckte Frühstückssaal, die Kronleuchter. Die jungen Menschen, die Kaffee in schwerem Silber servieren. Sie stehen gerade da, die Hände auf dem Rücken verschränkt. Das Hotel ist immer noch sehr schön, aber gestern war es schöner. Was ist ein gutes Hotel, wenn man allein ist?

Zurück nach Sent. Umbauarbeiten am Bahnhof von Scuol. Mit Beginn der Wintersaison wird es eine neue, schnellere Gondel geben. Und eine renovierte Bahnhofshalle. Ich möchte eine Elegie auf den alten Wartesaal schreiben. Er war wie ein Wohnzimmer, rote Plüschsofas, dunkle Holztische, in deren Oberfläche seit 100 Jahren Namen und Botschaften eingekerbt worden waren. An den Wänden alte Reiseplakate aus der Zeit, als Tourismus noch Fremdenverkehr hieß. Die Kinder waren klein, und wenn es schneite, spielten wir halbe Vormittage lang Skat in den weich gefederten Sofas, bis der Himmel aufklarte und wir doch noch mit der Gondel auf den Berg hinauffuhren.

18. November

Es stinkt; ist er immer noch da? Warum schläft er nicht?

Am Anfang dachten wir, es sei eine Ratte. Olivenkernförmige Kotstückchen lagen in der Waschküche. Aber unsere Nachbarn sagten, Ratten gebe es im Dorf nicht. Hier gebe es Siebenschläfer. Also hat sich Manfred von unserem Architekten Jachen eine Siebenschläferfalle ausgeliehen, ein Drahtkästchen auf einem Holzbrett, dessen Eingangsklappe durch eine gespannte Metallfeder hochgehalten wird. An einer Feder hängt der Haken für einen Köder. Wir versuchten es mit Käse. Morgens kehrten wir die Olivenkerne auf, die keine Olivenkerne waren. Wir nahmen eine Erdnuß. Aber auch die Erdnuß hing in der Frühe unberührt appetitlich am Haken, als sollten wir sie essen. Als sein Geschenk, sozusagen.

Im Chor sagte ein Baß, am besten fange man Siebenschläfer mit Schokolade. Bitter oder Vollmilch sei egal. Schokolade also, sage ich. Manfred aber hat gerade die Strategie geändert und steckt Kampfer in Löcher, hinter denen er den Siebenschläfer vermutet. Jetzt stinkt es schlimmer, als wenn eine ganze Siebenschläferfamilie pinkelt. Mir brennen die Augen. Der Siebenschläfer, sagt man, sei geräuschempfindlich. Ich könnte es mit Diabelli versuchen.

26. November

München. Manfred moderiert Peter von Matt im Lyrikkabinett. Ich frage Raffaella, die Mutter von Fabio und der kleinen Elisa, ob Matthias bei ihr essen und schlafen kann. Raffaella kommt aus Calabrien; wir sprechen eine Mischung aus Romanisch und Italienisch. Und verständigen uns in drei Sätzen. Es ist wie immer kein Problem.

Vor dem Lyrikkabinett gehe ich bei Hans Magnus Enzensberger vorbei, er wohnt am Englischen Garten. Ich habe mitgebracht: Käse aus der Senter Molkerei und Senter Alpkäse, Trockenfleisch vom Hirsch, Rosmarinwurst, Wildschweinwurst mit Peperoni. Ich merke, daß ich stolz bin auf die guten Sachen, die in Sent hergestellt werden. Zum ersten Mal komme ich aus Sent zu ihm. Ich habe auch ein Bändchen von Luisa Famos' »Poesias« dabei. Und eine Flasche Wein.

Neu ist die große Klimaanlage an der Fensterfront der Penthousewohnung. Die bodenlangen Vorhänge mit den Pfauenfedern sind ausgeblaßt. Ich habe sie Ende der siebziger Jahre zum ersten Mal gesehen. Damals waren sie neu und frisch aufgehängt, gold-grün-blau-bunt, als sei die Aussicht jederzeit bereit, ein eroberndes Rad zu schlagen. Jetzt muß man wissen, daß es Pfauenaugen sind. Die Zeit hat sie in ein zeichenloses Muster verwandelt.

Er lächelt, schlägt die langen Beine übereinander. Ein schmaler, altersloser 80 jähriger Mann, entspannt. Und doch scheint es, als ob dem Habitus eine klare Entscheidung vorausginge. Ein höfliches Pflichtgefühl gegenüber der Außenwirkung. »Von Matt«, sagt er, ja er kenne ihn vom »old boys club«, und er nuschelt das »Pour le Mérite« hinterher; denn ich soll es schon verstehen. Er kokettiert mit der Faulheit. Er lerne jetzt, nichts zu tun. Dieses Jahr habe er acht Veröffentlichungen, das sei ja peinlich. Und doch wirkt er überzeugend gelassener als früher. So, als ob ein langes Leben nun geleistet, und das, was noch komme, einfach eine Zugabe sei.

Wie oft bin ich in diesem Raum gesessen? Das erste Mal gegen Ende des Studiums. Ich schrieb an meiner Abschlußarbeit über den »Untergang der Titanic«; das Gedicht aus Gedichten war gerade erschienen. Ich hatte es in einer Nacht gelesen und wie im Rausch ein zweites Mal gelesen, und vielleicht noch einmal; erst gegen Morgen war ich schlafen gegangen. Brieflich hatte ich um einen Besuch gebeten. Eine Postkarte kam zurück: »Wenn Sie einmal in München sind ...« Natürlich war ich nie »einmal in München«. Ich fand eine Mitfahrgelegenheit mit griechischen Studenten aus meinem damaligen Tübinger Studentenwohnheim. Sie hatten einen alten schwarzen Mercedes. Ohne Anlasser. Wir fuhren zu fünft. Alle rauchten. Vier mußten bei jedem Halt anschieben. Wir schafften es bis München. Ich kam gerade noch pünktlich. Wann machst du denn Abitur? fragte er mich an der Tür.

Er erzählte, daß er ein Magazin »TransAtlantik« plane. Ich sagte, daß bei ihm immer Schiffe vorkommen und daß ich sein Gedicht »Hurtigrute« liebe. Er überlegte, dann sagte er, ja, er habe Angst vor Wasser, er könne nicht richtig schwimmen. Er fragte, ob ich schreibe. Klar, sagte ich, Schwäbisches Tagblatt. Da fragte er, ob ich bei der TransAtlantik mitmachen wolle.

Später hat er uns in Saloniki besucht. Vor dem Kloster Vlatadon über der Altstadt saßen wir nebeneinander auf einer Bank und sahen auf die große Pfauenvoliere. Der Apostel Paulus hatte hier gepredigt. Darwin, sagte er, und zeigte auf die Vögel mit den umständlichen schönen Schleppen aus Schwanzfedern, Darwin habe vielleicht doch nicht recht gehabt.

Als er später vor Manfreds Studenten die Verse »Finnischer Tango« las, hatte er für einen Moment ein kleines Problem mit der Stimme.

»Wie hell der Sommer hier ist und wie kurz.«

Es war ihm wichtig, Salz mitzubringen, für seinen

Bruder Christian. Und Zigaretten, ganz bestimmte. Von früher. Griechenland ist ein verschwundenes Land, sagte er. Dann kaufte er ein Päckchen Meersalz und vom Kiosk diese Papirossi, glaub' ich.

Sonntag

Olivenkerne. Diskussion um den Siebenschläfer. Manfred hat ohne mein Wissen nach Zürich an einen Schädlingsbekämpfungsspezialisten geschrieben. Jetzt steht eine sehr viel größere Siebenschläferlebendfalle in der Waschküche. Sie hat zwei Klappen an zwei Federn; sie sieht nicht aus wie ein Kästchen, sondern wie ein Durchgang.

Wenn wir ihn fangen, könnten wir ihn zähmen, sage ich, als ich sehe, wie Manfred ein Kombination aus Paranuß und Parmesan an den Haken nestelt. – Wir haben schon einen Eurasier, einen Dschungarischen Zwerghamster und ein Becken mit grundelnden Urzeitkrebsen, sagt er tonlos. – Er ist standorttreu, sage ich. Er kommt zurück. Lies Karl Jaspers, Heimweh und Verbrechen! – Wenn ich ihn fange, antwortet mein Mann, fahre ich ihn über alle Berge, über den Flüelapaß oder den Maloja hinunter nach Italien.

Später suchen Matthias und ich Siebenschläferbilder im Internet. Er ist zart und schön. Seine großen, schwarzen Augen scheinen mit Kajal umrahmt. Sein Fell glänzt silbern braungrau, am Bauch ist es weiß. – Und weißt du, wie er schläft, rufe ich Manfred zu: Er schläft auf dem Rücken. Er legt sich seinen buschigen Schwanz über seinen Bauch wie eine Decke. Und die Ohrmuscheln klappt er über die Gehörgänge, so verbraucht er am wenigsten Energie. Seine Körpertemperatur sinkt von 35 Grad auf ein Grad, der Herzschlag reduziert sich von 350 auf drei Schläge in der Minute. Manchmal hat er Atempausen von bis zu einer Stunde!

Doch Manfred sagt nur leise: Wenn er denn schläft. Er stinkt!

Montag, 30. November

Romanisch lernen: Ich lerne in der Gruppe mit Ruedi, einem ehemaligen Radioredakteur aus Zürich, der jetzt in Sent wohnt und Dokumentarfilme macht, und mit dem jungen, immer braungebrannten Christian, der im Schweizer Nationalpark arbeitet und aus dem Oberengadin zu uns nach Sent kommt. Wir üben bei uns in der Bibliothek. Unsere Lehrerin ist Nesa, eine ehemalige Hauswirtschaftslehrerin, die für Feriengäste in Sent auch Kurse in Engadiner Eßkultur gibt. Wir mögen uns. Ruedi, Christian und ich sind keine guten Schüler, aber Nesa sagt, sie habe noch schlimmere.

Manchmal gehe ich zu Leta, der ehemaligen Senter Lehrerin, deren Mann Förster war. Sie wohnen am Südrand von Sent in einem kleinen Wald mit Fichten, Föhren,

Arven, Kiefern; Weiden und Erlen stehen um einen angelegten Froschteich. Leta ist Organistin und plant das Konzertprogramm in der Kirche von Sent. Um meine Schwierigkeit mit dem Romanischen zu beschreiben, habe ich einmal zu Leta gesagt: Es ist verrückt, beim Konjugieren eines romanischen Verbs kann es mir passieren, daß ich anfange zu heulen.

Da sagte sie: wie ein Gebet.

1. Dezember

Morgens kurz nach 7 Uhr an der Bushaltestelle Sent Posta. Es schneit. Andri, unser Treuhänder, kommt durch die Flocken. Er trägt einen grauen Hut mit Krempe. Er fährt nach Scuol ins Büro. Ich bin auf dem Weg nach St. Moritz zu einer Schulklasse: Sent–Scuol mit dem Bus, dann mit dem Ersatzbus bis Ardez (ein Tunnel wird erneuert), dann von Ardez bis Sagliains. Umsteigen in den Zug nach Samedan. Umsteigen in den Zug nach St. Moritz. Es sind etwa zwei Stunden, aber die Anschlüsse klappen. Der Bus fährt langsam die schönen, gefährlichen Kurven nach Scuol hinunter. Schnee, alles noch nachtweiß. Ein Leuchten über den Berggraten. Die Busfahrer unterhalten sich per Funk über Schneeketten und über die neuen Fahrkarten-Computer, die sie sich nun gegenseitig erklären. Andri erzählt, daß er gestern bei einer befreundeten Randulins-Familie in Sent die Direktübertragung eines Fußballspiels in Mailand gesehen hat. Es habe stark geregnet. Regen in Mailand, sagt Andri, ist Schnee in Sent.

2. Dezember

8.00 Uhr. Trockene Kälte. Der schneebedeckte Gipfel des Piz Pisoc färbt sich im Morgenlicht zu einem goldenen Rosa. Die Lischanagruppe mit San Jon, Lischana, Piz Ajüz liegt noch im Schatten. Der Triazzagletscher dahinter ein dunkles Leuchten. Der Himmel ist ganz flach, helles Manganblau. Mit dem Neuschnee sind die Bergdohlen gekommen. Sie kreuzen über den Dächern, als müßten sie sich erst noch orientieren. Winterschwalben. Wegen des Schnees war gestern die Straße ins Oberengadin gesperrt.

Am Abend, gegen 17 Uhr, ein helles Licht im Osten, ich denke erst, es brennt. Dann geht eine riesige Scheibe langsam auf. Sie ist ganz nah. Ein Mond aus kaltem planem Gold. Ein großer Gong.

Später fahre ich mit dem Postauto nach Scuol und dann mit der Rhätischen Bahn (über Ardez und Guarda) nach Lavin zu Leta Semadeni. Von Tür zu Tür wohnen wir, wenn wir öffentliche Verkehrsmittel nehmen, ziemlich genau 50 Minuten voneinander entfernt. Aus Berlin oder London kenne ich das als innerstädtische Distanzen.

Kurz nach unserem Umzug hatte Leta Semadeni in Sent in der Grotta da cultura aus ihren »Poesias da chadafö/ Küchengedichte« gelesen. Sie schreibt zweisprachig, Vallader und Deutsch. Wobei beide Sprachen gleichrangig sind. Manche Gedichte entstehen zunächst auf Vallader, andere auf Deutsch. Und manchmal wisse sie hinterher nicht mehr, welches Gedicht zuerst in welcher Sprache entstanden sei. Die Parallelversion ist auch nicht einfach eine Übersetzung, sondern ein zweites Schreiben im anderen Idiom. Das hat mich sehr fasziniert. Drei Jahre später sind nun neue Gedichte für einen Band zusammengekommen, »In mia vita da vuolp/ In meinem Leben als Fuchs«. Als sie mich um ein Lektorat der deutschen Versionen gebeten hat, habe ich sofort zugesagt. (Und war stolz, daß sie mich gefragt hat.)

Ihr Haus ist klar, hell und offen. Fast ein Kinderhaus, wie aus Pappe ausgeschnitten. Wände aus Glas, Wände aus Beton, der Boden Beton. Bodenlange schwarze Vorhänge, bodenlange weiße Vorhänge. Die zwei Stockwerke in der Mitte des Hauses zueinander offen. Oben eine freistehende Badewanne mit Aussicht. (Bei mir immer noch der Reflex: das ist nicht kindersicher! Obwohl meine Kinder nun wirklich schon groß sind.) Wenige ausgesuchte alte Möbel. Eine scheue Katze schnurrt herum.

Sie zeigt mir ihr Atelier. Sie photographiert, arbeitet an Collagen. Wir sitzen an einem gläsernen Tisch.

Später Käse, Wein und Brot. Leta ist 1944 in Scuol geboren und aufgewachsen. Matura im Hochalpinen

Töchterinstitut in Ftan (das auch Annemarie Schwarzenbach besucht hat), Lehrerin an der Jüdischen Schule in Zürich, später am Lyceum Alpinum Zuoz. Dazwischen längere Zeit in Südamerika. Sie ist die Tochter des romanischen Schriftstellers und Theaterautors Jon Semadeni. Mein Vater, sagt sie, ist mit seiner Truppe durch die ganze Schweiz gezogen. Wo man früher Tiroler Volksschwänke gespielt hatte, gab es auf einmal modernes Theater, weißt du. Modernes Theater auf romanisch! Er war ein Aufklärer. Sie gibt mir sein Buch »Die rote Katze«.

Im Mondlicht stapfen wir durch den Schnee zum Bahnhof von Lavin. Auf dem Bahnsteig drücke ich auf einen Knopf. Ich bin die einzige Reisende, die einsteigen möchte. Als der Zug durch den Schnee kommt, bremst er ab und hält nur für mich. Zehn Minuten später, vor dem Bahnhof in Scuol, wartet schon das Sammeltaxi. Wieder bin ich die einzige Passagierin. Es ist bald Mitternacht. Ich bezahle sechs Franken Einheitspreis und werde nach Sent gefahren. Es ist dafür gesorgt, daß ich nach Hause komme.

4. Dezember

Gestern eine Mail von Not Vital aus Peking. Er hat eine Geschichte geschrieben für einen Ausstellungskatalog, die schildert, wie es zu seinen Silberkugeln kam. Seine Silberkugeln, in denen ein Kamel steckt. Eine schöne

Tuareg-Geschichte, eine Zwei-Männer-in-der-Wüste-Geschichte. Ich korrigiere mit schlechtem Gewissen ein wenig an der Zeitenfolge im Deutschen herum. Es gibt eine Poesie, der die Grammatik egal ist.

Noch bevor wir nach Sent zogen, hatte ich von Not Vital gehört, ihn aber nicht mit Sent in Verbindung gebracht. Ich erfuhr von einem Schweizer Künstler, der, um eine Krankenstation für Verbrennungsopfer in Nepal aufzubauen, die Kuhfladen von den Wiesen seines Dorfes sammelte, trocknete, sie in einem Spezialverfahren in Bronze goß und dann je nach Größe für mehrere tausend Franken verkaufte. Vor allem in den USA seien diese Schweizer Kuhfladen sehr begehrt gewesen. Es war einer der Direktoren der Schweizer Nationalbank, der mir das erzählte. In Nepal hatte Not ein verbranntes Kind gesehen. Man heizt dort in unsicheren Öfen mit getrockneten Kuhfladen.

5. *Dezember*

Plätzchenbacken mit den Nachbarskindern. Urezza, die Klassenkameradin von Matthias, und ihre zwei jüngeren Brüder Clot Curdin und Fila sind da; dann kommt Esther Krättli aus Chur mit den zwei Töchtern Anna und Mia. Wir machen Ausstecherle. In Eierbechern rühren wir Puderzucker mit Lebensmittelfarbe und verschiedenen Backaromen an. Zitrone, Orange, Rum,

Bittermandelöl. Rot, blau, gelb, grün, orange. Es gibt auch aufgelöste Schokolade zum Anmalen. Die Kinder stecken die Pinsel in die Farbe, in die Schokolade. Sie malen, lecken die Pinsel ab. Auf den Blechen wachsen Gesellschaften von Sternen, Fischen, Herzen, Lilien, es gibt auch Füchse und Katzen, Steinböcke und Monde.

Vor vielen Jahren, als wir noch Feriengäste in Guarda waren, kamen wir nach einer Wanderung einmal durch Sent. Ich sah ein kleines Mädchen und ihren jüngeren Bruder, die am Brunnen mit selbstgebastelten Schiffchen aus Holz, aus Rinden spielten. Eine Großmutter paßte auf die beiden auf. Wir gingen vorbei, und ich dachte, wie schön es diese Kinder haben.

Jetzt sitzt das Mädchen, etwas größer, mit ihrem Bruder bei uns am Tisch. Und sie hat noch einen kleineren Bruder. Ich kenne ihre Namen: Urezza, Clot Curdin, Fila. Und ihre Großmutter Uorschla ist meine Nachbarin.

Während unseres ersten Sommers in der neuen Ferienwohnung war Matthias auf einmal verschwunden. Ich fand ihn bei Uorschla, wo er mit deren Enkeln selbstverständlich in der Küche saß und Marmeladebrot aß.

Esther legt eine CD mit Originallesungen von romanischen Dichtern auf den Tisch zwischen das Mehl und die Ausstecherle. Sie hat im Radio-Archiv gesucht und die Stimmen zusammengestellt. Es ist auch eine Aufnahme von Luisa Famos dabei.

Auf einmal fragt Esther: Wie gut können die Kinder hier Deutsch? Gestern hat mich Matthias beim Comiclesen gefragt: Wie heißen die kleinen weißen Stücke, nicht Schnee, das andere? Er hatte das Wort »Hagel« gelesen, dachte aber, es sei falsch geschrieben. Ich bestätigte »Hagel«. Matthias schreibt besser Romanisch als Deutsch.

(Der Siebenschläfer rumpelt nicht mehr. Keine Olivenkerne auf dem Boden. Er schläft. Ich habe gelesen, daß Siebenschläfermännchen im Frühjahr nur zeugungsfähig sind, wenn ein futterreicher Herbst kommt. In mageren Jahren erwachen sie mit unterentwickelten Hoden. Diese vorausschauende Geburtenplanung ist wissenschaftlich nicht geklärt.)

6. Dezember

Heute weißes Weiß. Kein anderer Himmel als gedecktes Weiß. Die Berge schraffiert grau, der Kirchturm grau.

Ich muß nach Luzern, zum Unterrichten ans MAZ, das Medienausbildungszentrum, die Schweizer Journalistenschule. Als wir nach Sent zogen, hatte ich diese Arbeit noch nicht; jetzt gebe ich dort regelmäßig Kurse. Auch Manfred war noch nicht Dozent in Basel. Seit wir in der Schweiz wohnen, werden wir in der Schweiz anders wahrgenommen.

Ich lese in einem Schulbuch von Matthias. »Il pavlader« ist der Futterknecht. »Na pavlar ils chavals«, steht auf einem Schild auf der Wiese am westlichen Dorfeingang bei den Pferden. Am Anfang übersetzte ich immer: Nicht mit den Pferden sprechen!

Von Sent nach Luzern sind es gut vier Stunden. Es ist schon dunkel, als ich in der Stadt ankomme. Der See schimmert, die Brücken, die Schaufenster sind erleuchtet. Ich gehe an Präsentationen von schönen Dingen hinter Glas entlang, Fronten von Schmuck, von Uhren. Sind das Äußerungen eines Balzverhaltens?

Ich bemerke, daß ich fremdle. Oder ist es schon ein Fremdschämen?

Ich überlege kurz, ob ich für den Kurs in dieser Stadt gut genug angezogen bin. Ich trage Schwarz; meine Schutzfarbe, meine Tarnfarbe. Es wird schon passen.

11. Dezember

Heimfahrt nach Sent. Regen in Luzern, Regen in Thalwil, ab Sargans Schnee. Mir gegenüber sitzt eine schmale Frau in einem grauen Hosenanzug, die jetzt ihre silbernen Wildlederpumps von den Füßen streift und sie gegen feste, schwarze Winterschuhe mit Profilsohle tauscht. Häufig wechseln Frauen, die aus dem Unterland kommen, im Zug ihre Schuhe.

Ich trage nur noch Wanderschuhe oder unauffällig

schwarze Laufschuhe. Ich mag schöne Schuhe, besonders Schuhe mit Absatz, aber im Dorf auf dem Kopfsteinpflaster wären sie nur albern. Manchmal stecke ich welche für eine Lesereise ein, aber auch nicht mehr immer. In Sent sehen wir alle ziemlich gleich aus. Pullover, Fleece-Jacken, Hosen, Anoraks, Funktionskleidung. Die Jungen sind ein wenig bunter als die Generation der Eltern und Großeltern. Einkaufen in Sent oder Scuol ist eine Sache von wenigen Minuten. Die Geschäfte sind solide und überschaubar, Einheimische bekommen meist 10 Prozent.

In den ersten Monaten nach unserem Umzug haben wir manchmal im 20 Minuten entfernten Österreich eingekauft. Vielleicht war die Butter im Supermarkt dort billiger und man bekam Capellini, diese dünnen Nudeln, die es im Coop in Scuol nicht gibt. Und in Landeck, noch einmal 30 Minuten weiter, beginnen größere Geschäfte mit Sonderangeboten. Mittlerweile haben wir aufgehört, nach Tirol zum Sparen zu fahren.

In Luzern kaufe ich für Matthias Ski-Handschuhe von Jack Wolfskin. Uns beiden gefällt die Werbezeile: »Draußen zu Hause«. Er wird sich freuen; er findet es gut, wenn seine Mutter ihm von einer Reise etwas mitbringt. Aber er geht auch mit Handschuhen aus dem Coop, die ein Zehntel kosten, skifahren.

14. Dezember

Ein Morgen aus Glas. Selbst die Berge scheinen durchsichtig. Der Reif auf dem Balkon, der Schnee auf den Dächern, eine fragile, schwach bläuliche Helle.

Die hohe Spitze des Kirchturms: eine Stimmgabel in den Himmel gehalten. Für ein wie oft gestrichenes Fis?

Es ist kurz vor 11 Uhr morgens. Und ganz still. Wie vor einem Klirren.

17. Dezember

Immer noch sehr kalt. Gestern kam Brigitte, eine entfernte Nachbarin, die ich kaum kenne. Sie trug einen großen Stern aus Eis im Arm. Sie war ganz dick angezogen, wollene Fingerhandschuhe. So, wie sie den Stern trug, mußte er schwer sein. Man müsse den Stern im Raum etwas antauen lassen, sagte sie und setzte ihn langsam auf den Boden. Dann könne man ihn draußen hinstellen, er friere an. Wenn man ein Licht dahinterstelle, leuchte er. Als der Hund bellte und ich ihn auf den Balkon schicken wollte, habe ich den Stern umgeworfen. Zwei Zacken brachen ab. Wir haben versucht, ihn zu reparieren; aber die Eisstücke froren nicht mehr zusammen.

Am Abend kam Brigitte mit der Metallform. Wir haben sie vor die Haustür gelegt, auf Plastik. Dann den gebrochenen Stern in die Form gelegt. Die Plastikplane mit Schnur an der Seite hochgebunden. Mit der Gießkanne heißes Wasser draufgegossen. Heißes Wasser friert schneller, sagte sie und: Ich bin der Sternendoktor.

Heute morgen liegt der Stern da, gefroren. Ich soll ihn in die Wohnung nehmen, hat sie gesagt, er würde da, wo das Metall ist, schneller tauen, man würde ihn dann aus der Form lösen können. Ich trau mich nicht recht. Ich habe Angst vor dem Stern. Angst, er könnte nochmals brechen. Er ist schön. Ich hätte ihn sehr gerne vor der Tür stehen. Mit einem Licht dahinter.

Am Abend an Not geschrieben, nach Peking, wie ich glaubte. Ich gratulierte ihm zu seinem Portrait, das in der Zeitschrift »du« erschienen ist. Heute morgen seine Antwort: Er sei gerade in New York angekommen und fliege morgen auf eine Insel vor Patagonien.

Hundegang. Die Berge Richtung Oberengadin dunkeln samtig ein, vor einem noch blauen Himmel, der sich rötet. Das Spiel von Rot, Orange. Das Blau wird durchlässig für die warmen Farben. Chiffon, Seide, Glas. Immer wieder Glas. Eis. Frau Sternendoktor sagte auch, daß sie Luftballons mit Wasser fülle, und wenn dann die äußere Schale gefroren sei, kippe sie das Wasser im Innern aus. Das gebe unglaubliche Eiskugeln voller Kristalle. Es sei eine Sucht, sagt sie. Man könne schon kaum mehr auf der Treppe vor ihrem Haus hinuntergehen, alles sei voller Sterne und Kugeln aus Eis.

Matthias lernt in der Schule romanische Weihnachtslieder. »Oh du fröhliche« ist hier »O bainvgnü Nadal!«: Willkommen Weihnachten!

Heute abend in der Grotta die Probe für das jährliche Singen der romanischen Weihnachtslieder an den Senter Brunnen. Ich singe Sopran, weil es nur zwei Frauen gibt, die Sopran singen können. Ich hätte es auch sein lassen sollen. Aber die andern sind tolerant. Wir sind nur zu elft. Vor allem die Senter Lehrer sind gekommen. Ich kenne alle vom Sehen, aber ich weiß nur wenige Namen. Brigitte ist auch dabei. Und die Frau des englischen Bergführers, die aussieht wie Geraldine Chaplin und fünf Kinder hat. Bei der Probe seien nie alle da, sagt Gianna Bettina, die die Probe leitet. Am Sonntag an den Brunnen seien wir sicher doppelt so viele.

Gianna Bettina hat auch eine Flötengruppe, bei der sicher 10 Frauen aus Sent mitspielen. In der Schule unterrichtet sie die sogenannte Kleinklasse, das ist ein Stützunterricht für Kinder, denen das Lernen schwerfällt. Nach der Probe trinken wir Tee und reden noch ein wenig. Das heißt, ich höre zu; die anderen reden romanisch. Auf einmal fragt Andri Gritti, Gianna Bettinas Mann und Lehrer für die höheren Klassen, ob ich das Choralbuch auswendig lerne. Er lacht; er will mich in das Gespräch einbeziehen. Ich hatte im Choralbuch geblättert und war gerade auf die romanische Übersetzung von Matthias Claudius' »Abendlied« gestoßen. Seite 41 sage ich, »Der Mond ist aufgegangen«. Es sei ein sehr schönes Lied. Alle schlagen die Seite auf. Sie sagen, wir kennen das Lied nicht, wir singen es nie. Jetzt lesen sie es. Ein junger Lehrer lacht: »Il god es nair e tascha!« Er schüttelt ungläubig den Kopf: Der Wald ist schwarz und schweigt. Vielleicht ist es schlecht übersetzt, sagt jemand und möchte mich retten mit meiner Begeisterung für das Lied. Andere nicken. Sie schlagen den Übersetzer nach: Gion Gaudenz. Ein bekannter Geistlicher, Historiker aus Scuol, der viele Psalmen übertragen hat. Für keinen der gerade noch Singenden scheint »Il god es nair e tascha« plausibel zu sein. Ich kann nicht sagen, wie man es schöner übersetzen könnte. Das deutsche »Der Wald steht schwarz und schweiget« ist besser, aber ich glaube, im Unterengadin ist der Wald eben nicht schwarz und er schweigt auch nicht. Das ist kein Übersetzungsproblem. Es geht um einen Erfahrungsraum. Manchmal ist es still im Wald. Aber die Lärchen schweigen nicht, die Fichten, die Föhren, die Arven. Sie schwirren, summen. Und die Lärchen sind grün und dann golden. Der Wald im Unterengadin ist licht.

Hundegang nach der Probe: Ich mußte die Skihose anziehen, es hat gegen 25 Grad unter null. Sternenhimmel wie eine Handvoll Gries. Lichtbahnen von Wolken, unerklärlich. Beim Umkehren liegen die Lichter des Dorfs da wie eine Weihnachtsouvertüre. »Postkarte«, denke ich. Und dann denke ich, daß ich »Postkarte« denke.

Ich hatte mich am Nachmittag doch getraut, den Stern aus der Form zu nehmen. Ich hatte ihn im Zimmer etwas antauen lassen, dann ging es ganz einfach. Es stimmt: Da, wo das Metall auf das Eis trifft, schmilzt das Eis schneller (weil sich das Metall schneller erwärmt als das Eis). Man kann rütteln und dann löst sich der Stern. Nun steht er draußen vor der Tür. Ich habe eine Kerze hinter ihm angezündet. Ein dicker Stern aus Eis, der leuchtet. Das Licht fällt auf den Schnee der Straße.

18. Dezember

14.05 Uhr, die Totenglocke läutet, es ist ein langes, langes, dünnes Geläut, das dann in langsamen, fast schleppenden Schlägen endet. Die Totenglocke läutet zweimal. Ein erstes Mal, wenn bekannt wird, daß ein Mensch aus Sent gestorben ist. Ein zweites Mal vor der Beerdigung, deren Termin an der Anschlagtafel der Gemeinde beim Dorfplatz notiert ist. Die Totenglocke beginnt zu läuten, wenn der Zug der Trauernden von der Kirche Richtung Friedhof losgeht. Der Sarg steht in einem an den Seiten offenen, schwarzlackierten Holzwagen, den ein Pferd zieht. Oben auf dem Wagen liegen die Kränze, die Blumen. Das Pferd wird geführt. Der Zug bewegt sich sehr langsam durch das Dorf; es sind immer ältere Menschen dabei. Wenn alle den Friedhof erreicht haben, ruft der Pfarrer über das Handy den Küster an, der die Totenglocke wieder abstellt.

Draußen ist es immer noch sehr kalt. Es ist sonnig, manchmal ziehen einzelne Schleierwolken vorbei. Schwarze Vögel (größer als die Bergdohlen, scheint mir) kommen auf die Holzbrüstung des Balkons. Matthias hat ihnen Körner gestreut. Jetzt hocken sie nebeneinander wie wissende Statisten. Die Schnäbel waagerecht, die Augen zielgerichtet auf die Scheibe, die sie von uns trennt.

19. Dezember

Skifahren. Schwerelosigkeit im Schwung. Aus einem Bergschatten herausfahren ins Licht. Helle aus Weißglut.

Mit dem Schnee ändern sich die Farben. Wenn alles weiß ist, wird das Auge farbempfindlich. Schneeschatten, bläulich, grau, rosa, pfirsich. Die bunten Schatten nehmen zu, je länger es weiß bleibt.

18.45 Uhr, tiefe Nacht. Ich gehe durch die Gasse. Vor den Holztüren flackern Kerzen. Mondsichel. Ich trage: Skiunterwäsche, darüber ein Funktionsunterhemd und zwei Wollpullover, wobei der zweite aus dicker Wolle ist mit einem Kragen, den man hoch zuknöpfen und übers Kinn ziehen kann. Darüber einen Snowboarder Anorak. Skihandschuhe (Fäustlinge) und darunter noch Fingerhandschuhe. Und trotzdem: Wenn man beim

Laufen die Hände nicht bewußt bewegt, werden die Fingerspitzen kalt. Das Geräusch des Schnees unter den Tritten ist ein quietschendes Knirschen. Sonst Stille. Ich gehe den Weg über dem Friedhof, die Lichter hören auf. Schneenacht. Der Hund wälzt sich im aufpudernden Weiß. Beim Rückweg die Weihnachtsbeleuchtung des Dorfes. Sterne aus Glühbirnen, Glühgirlanden. Beim Schreiner ein springendes Reh aus elektrischem Licht. Flutlicht auf dem Fußballplatz, der nun als Eisbahn dient. Drei erste Hockeyspieler.

Gestern Matthias in die Badewanne gesetzt. Er wiegt immer noch keine 24 kg. Er ist fast 10 Jahre alt. Aber er ist so gut wie nie krank, er gehört zu den größeren Kindern seiner Klasse, obwohl er der Jüngste ist. Er macht viel Sport. Du solltest Tänzer werden, sage ich zu ihm. Er schüttelt sich; er ist Fußballspieler.
Er war noch sehr klein, ein halbes Jahr, da haben wir ihn in die Ferien nach Griechenland mitgenommen. Schon im Flugzeug war er komisch. Irgendwie schlapp. Wir dachten, es läge am Fliegen. Landen in Patras, mit dem Mietauto in die Mani. Wir hatten ein Ferienhaus an den Klippen, Steinstufen führten hinunter zu flachen Felsen, von denen aus man ins Meer springen konnte. Silvia war gleich mitgekommen. Andreas war noch mit einer Tübinger Jugendgruppe unterwegs; er sollte eine Woche später nachfliegen. Er war damals 12 Jahre alt und wir hatten alles sehr genau und mehrfach durchgesprochen. Nun war nicht er das Problem.

Furchtbare Nacht. Matthias schlief ein und wachte sofort wieder auf, weinend. Schnaken, Übermüdung? Wurde er blau? Bildeten wir uns etwas ein? Wir nahmen ihn hoch, tatsächlich, er röchelte. Wir gingen mit ihm auf und ab. Er schlief auf dem Arm wieder ein. Und wachte auf, weinend. Wurde er immer schlapper? Beim dritten Kind sind Eltern nicht mehr so schnell alarmbereit. Und doch. Als es zu dämmern begann, klopften wir bei fremden Nachbarn. Ein Mann im Unterhemd öffnete, hinter ihm erschien eine Frau in einen Morgenrock gewickelt. Beide waren sehr freundlich. Sie reagierten verzögert, als sei jede Form von Schnelligkeit des Menschen unwürdig. Ja, es gebe einen Arzt, und ausführlichst, ja poetisch wurde uns der einfache Weg beschrieben.

Der Arzt öffnete persönlich und bat uns herein. Er sah auf das Kind und schüttelte den Kopf. Wir fliegen zurück, sagte Manfred. Der Arzt sagte: Dafür ist es zu spät. Was ist los, fragte Manfred. Silvia stand sehr gerade, den sehr gerade sitzenden Hund an der Leine. Der Arzt schlurfte hinaus in ein Hinterzimmer. Er blieb Ewigkeiten verschwunden. Als er zurückkam, trug er eine offene Schuhschachtel vor sich in der Hand. Er sah hinein. Mit drei Fingern rührte er in den verschieden eingeschweißten Pillen und Zäpfchen. Eines zog er heraus. Was ist das, fragte Manfred. Es wird das Kind beruhigen, sagte der Arzt. Das Baby reagierte kaum noch, es konnte sein Köpfchen nicht mehr halten. Ich legte es auf den Tisch. Seine Lippen waren blau. Tonlos ließ es sich das Zäpfchen geben. Ich nahm das Kind wieder hoch; wie ohnmächtig hing es über meinem Arm. Fahren Sie nach Kalamata, sagte der Arzt. Es gibt dort eine Ärztin. Er notierte die Adresse.

Ich kannte die Straße nach Kalamata. Ich habe Reportagen über die Mani geschrieben. Serpentinen, unmöglich auf dieser Strecke zu überholen. Und ich kannte die Straßenschluchten dieser Stadt, in denen kein Fremder sich zurechtfindet. Wir fahren an die Peripherie, sagte Manfred, dann nehmen wir ein Taxi. Stirbt das Kind, fragte ich. Fahren Sie nach Kalamata, sagte der Arzt.

Manfred fuhr, neben ihm saß Silvia mit dem Hund. So schnell stirbt ein Baby nicht, sagte Manfred, die sind zäh. Ich saß hinten und sah blind durch die Scheibe. Die Zeit hatte aufgehört. Die Hitze stieg. Täuschte ich mich, oder rührte sich das Baby wieder? Ich glaube, das Zäpfchen wirkt, sagte ich. Als wir die ersten Häuser von Kalamata erreicht hatten, parkten wir das Auto an einem Kiosk. Wir winkten einem Taxi. Es hielt, sah uns und fuhr weiter. Das nächste Taxi hielt. Nicht mit Hund, sagte der Taxifahrer rauchend und startete durch. Mehrere Taxis fuhren vorbei. Manfred fuchtelte. Umsonst. Doch Matthias hob den Kopf. Er hebt den Kopf, sagte ich. Schneidende Mittagshitze. Es war Silvias Hund. Nie hätte Silvia den Hund hier irgendwo angebunden. Und nie hätten wir Silvia mit Hund irgendwo hier allein gelassen. Auf einmal hielt ein Taxi und sagte: steigen Sie ein.

Die Kinderärztin lächelte. Nein, er stirbt nicht. Ich

begann zu weinen. Sie hatte Matthias nackt ausgezogen und abgehört. Spastische Bronchitis. Wir hatten keine Ahnung davon. Sie verschrieb uns Medikamente zum Inhalieren und eine Inhalationsröhre. Dreimal am Tag.

Matthias mußte bis zu seinem sechsten Lebensjahr inhalieren. Manchmal alle zwei Wochen für mehrere Tage, später seltener. Um die Zeit seiner Einschulung war es vorbei. Jetzt sitzt er in der Badewanne und taucht Plastikritter in den Schaum und mehrköpfige Ungeheuer.

20. *Dezember*

Die ersten Wintergäste sind im Dorf. Fremde Gesichter und fremde vertraute Gesichter. Sie kommen jedes Jahr. Man würde nach ihnen fragen, wenn sie nicht wieder auftauchten. Auch im Bad in Scuol, fremde und vertraute Nacktheit.

Als wir das erste Mal nach Scuol kamen, gab es das Bogn Engiadina, die Bäderanlage mit Trinkhalle, Gesundheits- und Sportzentrum, noch nicht. Heute ist das Bogn Engiadina neben der Gondel, die direkt ins Skigebiet Motta Naluns führt, die Hauptattraktion von Scuol. Als Scuol noch Schuls hieß, kamen russische Prinzessinnen in diese Gegend, französische Grafen, Schriftsteller, Exzentriker. Sie logierten in einem der großen Kurhotels in Schuls, Tarasp, Vulpera und tranken das Wasser aus den Mineralquellen. Sie kamen auch ins Val Sinestra, wo damals Europas einzige Arsenquelle genutzt wurde. (Heute fließt die Quelle in den Fluß.) Mit dem Ersten Weltkrieg hörte das gehobene Kurleben auf. Und nach dem Zweiten Weltkrieg begann eine populärere Reisezeit.

Nackte Menschen. Die spezifische, vorgeschlechtliche Nacktheit in der Sauna. Sind nackte Menschen friedfertiger? Sie bewegen sich langsam durch die pastell gekachelten Räume. Nackte Paare, in meist gleichfarbigen Handtüchern. Einzelpersonen, Blickkontakten ausweichend. Alles leise. Die Choreographie größtmöglicher Unverbindlichkeit bei Hautnähe. Im kalten marmornen Außenbecken schwimmt in gleichmäßigen Zügen eine sportliche Frau. Man sieht auch den nackten Menschen ihre Berufe an. Nicht immer, nicht ganz sicher. Aber vieles läßt sich zumindest ausschließen.

Die Journalistin und Romanautorin Zora del Buono, die mich besuchen wollte, schreibt eine Mail, sie habe das Hotel Waldhaus in Sils Maria fluchtartig verlassen müssen, weil ihr kleiner Hund, ein italienisches Windspiel, am Schnee angefroren sei, die Haut sei ihm von den Fußballen abgerissen. In der Tiefgarage habe er nicht gepinkelt, er sei zu gut erzogen. Erst in Chur dann. Einmal hat sie mir erzählt, diese Hunderasse sei für adlige Damen in französischen, nicht beheizbaren Schlössern gezüchtet worden. Als lebende Wärmflasche sozusagen. Sie selbst trägt den Hund gerne im Arm.

Wie einen zweiten Bauch oder eine zusätzliche, etwas ausladende Extremität. Der Hund hat Augen wie ein Reh. Man wundert sich immer, warum er nicht davonspringt.

Unser alter Hund ist groß, wie ein junger Löwe, im Sommer wie ein hoher Fuchs. Er hat die Farbe von Tannenböden in der Sonne. Er liebt den Schnee, macht weite Sprünge über die Schneewiesen. Manchmal versinkt er bis zum Bauch. Muß sich dann abstoßen. Wenn wir Schneebälle werfen, wirft er sich mit seinem ganzen Körper ihnen nach, wühlt nach ihnen, Schnee im Schnee, wälzt sich und kann sein Glück nicht fassen.

21. Dezember

Gleich wird es dunkel. 16.45 Uhr: Der Mond steht über dem S-charltal, die Berge sind ganz nah. Das Licht ändert sich innerhalb weniger Minuten. 17 Uhr, noch blaues Dunkel. Der Mond ist über den Piz Pisoc gewandert. Die Berge jetzt glänzend grau. Wolkenkino.

Wir singen. Am Dorfplatz, am Brunnen Curtin, am Brunnen bei der Plazzetta, an unserem Brunnen Bügl Süt, am Brunnen Schigliana, am Brunnen Stron, dann vor der Kirche. Wir sind sicher 50 Sänger, Einheimische und Gäste. Gianna Bettina dirigiert. In dieser Nacht scheint sie nur aus vielen langen Armen zu bestehen. Sie gibt die Töne, die Einsätze. Es ist kalt. Nach dem letzten Gloria sagt ein Baß hinter mir zu seinem Nebensänger: Quai d'eira fich bun. Das sei doch jetzt richtig gut gewesen. Hinterher gibt es Glühwein in der Grotta, aber ich gehe nicht mit. Ich würde lieber mit ihnen gehen und nicht nach Hause. Aber ich möchte nicht deutsch sprechen, und romanisch sprechen kann ich nicht.

22. Dezember

Fahrt nach St. Moritz zu den Schülern. Schneeverwehungen. Der Zug staubt durch den Schnee, Orientexpreß, Doktor Schiwago. Im Bus setzt sich Nesa, meine Romanischlehrerin, neben mich. Nesa erzählt: Einmal, als ich jung war, bin ich nach Aachen getrampt. An der Autobahn so in der Gegend von Köln haben zwei Polizisten angehalten; sie wollten mich gleich mitnehmen. Trampen war ja verboten. Da habe ich Romanisch gesprochen. Einfach nur Romanisch. Die Polizisten hatten so was noch nie gehört. Sie konnten die Sprache nicht einordnen. Da haben sie mich grad gehen lassen. Und dann habe ich in Köln den Dom gesehen. Das hat mich enttäuscht. Ich kannte ihn doch von den Parfümflaschen. Und auf den Parfümflaschen war der Dom immer golden. Und in Wirklichkeit war er schwarz.

23. Dezember

Es ist wärmer geworden. Weihnachtsföhn, sagt Ida, als ich mich nach dem Klavierspielen von ihr verabschiede. Der Luftbefeuchter neben dem Flügel haucht, die Fische schwimmen über den Bildschirmschoner. Ich nehme meinen Pullover von der Stuhllehne. Der Weihnachtsföhn in Sent sei sprichwörtlich. Dann korrigiert sie mich. Ich solle nicht »Bellas festas« sagen, Schöne Feiertage, sondern »Bunas festas«, gute Feiertage. »Bellas festas« sei ein Germanismus. Und an Sylvester: »Bun di, bun on«, guten Tag, gutes Jahr.

Manfred brät Wiener Schnitzel. Die Kinder sind gekommen. Vor zwei Tagen Silvia, sie war schon zweimal Skifahren. Gestern Andreas. Die Kinder essen unglaublich. Der Kleine ist in den Brunnen gefallen; seine nassen Sachen liegen im Flur. Silvia hat ihn in die Badewanne gesteckt. Viel Schaum, er spielt, hat rote Backen.

Wir müssen heute noch die Wohnung räumen. Feriengäste kommen, und zwar in unsere Zimmer. Es sind Stammgäste, eine Patchwork-Familie mit vier Kindern, die schon in die damals frisch renovierte Wohnung kamen, als wir noch in Tübingen lebten. Wir mögen die Eltern; wir mögen die Kinder. Das Mädchen Victoria füttert die Katzen von Sent und hat unserem Hund beigebracht, auf Befehl zu bellen und sich am Boden zu rollen. Ihr Vater kam schon als Junge mit seinen Eltern ins Dorf, in den sechziger Jahren, als die Straße nach Sent hinauf noch nicht asphaltiert war. Wir ziehen also in die Ferienwohnung. Die Ferienfamilie bleibt zwei Wochen. Danach wechseln wir wieder in unsere Wohnung zurück. Im Februar aber leben wir in der alten Backstube und der Bibliothek, dem ehemaligen großen Flur, durch den der Heuwagen fuhr.

Jedes Jahr, wenn wir vor Weihnachten unsere Sachen einpacken, sagen wir uns, daß wir das nächstes Jahr nicht mehr tun. Aber wenn wir aufgeräumt und vieles weggeworfen haben und drüben sind, dann finden wir es doch wieder gut. Es ist wie Lüften. Es ist ein Nomadisieren im eigenen Haus.

Es gefällt mir, Weihnachten in der Ferienwohnung zu verbringen, und ich mag die Februarwochen unten zwischen den Büchern. Es gibt dort eine winzige Küche in der Waschküche und eine separate Toilette. Es gibt keine Dusche, aber wir haben eine Jahreskarte für das Bad in Scuol. Wir müssen neue Handgriffe überlegen. Denn alles ist ein bißchen anders. Wir essen in der Bibliothek mit Stofftischdecken und Kerzen. Wir versuchen, es schön zu machen, auch wenn die Räumlichkeiten schlicht sind. Wir kochen einfacher, weil es nur zwei Platten gibt. Wir sparen mit dem Geschirr, weil wir keine Spülmaschine haben. (Aber wir haben in der kleinen Küche besondere Porzellanteller, bedruckt mit Bären oder Vögeln, die wir nur in dieser Zeit benutzen.) Und weil es keinen Fernseher gibt, lesen wir abends vor. Wir leben enger aufeinander und lernen uns wieder anders kennen. Und wenn wir dann in unsere große Wohnung zurückziehen, ist auch sie wieder neu und ein bißchen fremd. So behält unser Zuhause etwas vom Charme, hier in Ferien zu sein.

Dieses Ausweichen für andere ist auch ein kleines Spiel mit Demut und Dankbarkeit. Wir empfinden es nicht als selbstverständlich, daß wir in Sent in einem eigenen Haus leben. Natürlich bekommen wir von den Feriengästen auch Miete, aber wir haben es schon fertiggebracht, mit dem Geld dann für ein paar Tage ins Hotel Waldhaus nach Sils Maria zu gehen.

Wir waren selbst viele Jahre Feriengäste mit kleinen Kindern, und dann mit größeren Kindern und Baby und Hund. Es war nicht immer einfach, eine gute Ferienwohnung zu bekommen. Jetzt hat es etwas mit Teilenwollen zu tun. Übers Jahr kommen Postkarten, Photos per Mail. Kinder werden größer, Geschichten wachsen. Manche Ferienkinder gehen mit dem Hund raus, mancher Gast hilft uns bei Problemen mit dem Internet. Eine Malerin schenkt uns ein Aquarell, ein Romanist schickt einen Aufsatz über die Unterengadiner Zuckerbäcker in Schweden. Eine Familie nimmt auf dem Heimweg eine Tüte mit Büchern und Schokolade für Silvia nach Hildesheim mit. Manche Gesichter würde ich vermissen.

Und dann sagen wir uns, auch die Engadiner sind in der Saison immer zusammengerückt. Wir gehören jetzt zu ihnen und machen es wie sie.

Es gibt Feriengäste, die möchte man in Seidenpapier einwickeln.

24. *Dezember*

Heute Morgen gehen die Senter Kinder ohne Schulranzen in die Schule. Sie proben für das Singen am Abend in der Kirche.

Andreas und Matthias sitzen sich am Tisch gegenüber. Matthias spricht seinen großen Bruder auf romanisch an. Andreas versteht ihn nicht. Deshalb redet Matthias weiter. Andreas: Hör auf mit deiner Bauernsprache. Matthias lacht auf und beschimpft ihn nun leise auf romanisch. Andreas kann nur ahnen, was sein kleiner Bruder sagt. Nun fängt er an, ihn auf englisch zu beschimpfen. Matthias versteht nichts, spricht aber weiter romanisch. Andreas steht auf, zeigt, daß ihm sein kleiner Bruder zu blöd ist.

Im Föhn ist der Stern gebrochen. Auf dem Weg in die Kirche regnet es. In den Straßen liegt Schneematsch. Viele Fenster sind mit brennenden Kerzen geschmückt. Ich bin eine Stunde vor Beginn des Weihnachtsfestes alleine vorausgegangen. Ich möchte einen Platz vorne, damit ich die Kinder beim Singen sehen kann. Meine Familie lacht mich deshalb aus. Dabei ist diese Stunde allein in der leeren, sich langsam füllenden Kirche mein Weihnachtsgeschenk. Die Kirche ist offen. Ich setze mich in die dritte Reihe auf die Seite des großen, nach Harz riechenden Baums. Die drei bis vier Meter hohe Fichte ist mit roten Kerzen, roten Kugeln und Strohsternen geschmückt. Der Pfarrer nickt mir zu und stellt weitere Papiersterne, in denen Teelichter flackern, in Winkel, Nischen, auf Absätze aus Stein.

Ich mag Weihnachten nicht. Und ich bin Manfred sehr dankbar, daß er sich jedes Jahr völlig unkompliziert auf Weihnachten freut. Weihnachten ist Skifahren mit den Kindern und gemeinsames Fondue oder Raclette. Die Geschenke sind klar: Skipässe, ein neuer Helm, ein neuer Anorak. Ich glaube immer noch nicht, daß mir an Weihnachten nichts mehr geschehen kann. Weihnachten, das war eine weinende Mutter, eine von der selbstauferlegten Weihnachtsperfektion (Großputz, Gebäck, Gans, Garderobe) überforderte und müde Mutter, die regelmäßig zusammenbrach. Weihnachten hieß alarmbereit sein. Abfangen, was abzufangen war. Ich, ein größenwahnsinniges Kind. Und dann schenkte der Vater ihr die falsche Kaffeemaschine. Und wieder war nichts mehr zu retten.

Arvengeruch. In Scuol werden jetzt mit Arvenspänen gefüllte Kissen verkauft. Arvengeruch soll beruhigen und den Schlaf fördern. Ich weiß nicht, ob das stimmt, aber ich bin gerne in diesem Kirchenschiff aus Arvenholz und Stein. Keine Gemälde, kein Kreuz, kein hoher Altar. Nur ein einfacher Tisch mit einem weißen Tuch.

Ein sehr altes, aus Stein gehauenes Taufbecken. Arvenbänke und eine gemalte Decke aus Blütengirlanden. Sie müssen sich den Himmel als Blumenwiese gedacht haben.

Ältere Schüler haben angefangen, die Kerzen am Baum zu entzünden. Der Baum ist so hoch, daß sie auf eine Leiter steigen müssen. Sie halten zwei, drei Meter lange Stangen in den Händen, an deren Enden eine brennende Kerze befestigt ist. Es ist nicht einfach, auf die Entfernung mit der kleinen Flamme die noch nicht brennenden Dochte anzustecken. Am ausgestreckten Arm werden die Stangen schwer. Langsam füllt sich die Kirche. Menschen grüßen einander, als kämen sie in ein Wohnzimmer. Das Fest wird so lange dauern, bis die Kerzen heruntergebrannt sind. Christbaumkerzenuhr. Während die Erwachsenen und die kleinen Kinder des Dorfs in den Bänken sitzen, versammeln sich in den hinteren, versteckten Räumen der Kirche die Schulkinder. Manfred, Silvia, Andreas rutschen zu mir in die Bank. Nun ziehen die gut 90 Kinder der Senter Schule und ihre Lehrer ein und stellen sich im Chor und entlang der Apsis auf. Sie werden klassenweise, auch stufenweise mit ihren Lehrerinnen und Lehrern singen. Die jüngsten Schüler sind sieben; die ältesten 16 Jahre alt. Den 24. Dezember feiert das Dorf gemeinsam. Weihnachtsessen und Geschenke gibt es morgen. »Propcha ün bel bös-chin«, sagt neben mir eine alte Frau und nickt. Wirklich ein schöner Weihnachtsbaum. Ich bestätige auf romanisch. Aber als sie nun ein Gespräch mit mir anfangen möchte, kann ich nicht viel sagen. Und als ich auf Deutsch ausweiche, merke ich, daß sie nicht so viel Deutsch kann, daß sie es jetzt sprechen möchte.

Samstag, 26. Dezember

Anreisetag. Es ist schon dunkel, als unsere Feriengäste kommen. Sie standen dreieinhalb Stunden vor dem Vereinatunnel. Aber sie lachen.

Unsere Freunde aus Köln kommen noch später. Sie standen vier Stunden ab Küblis, erzählen sie. Die Stimmung sei aber gelassen gewesen. Man habe gelesen, gestrickt, Filme im Computer angesehen. Wir essen in Scheiben geschnittene Kartoffeln mit Salz und Olivenöl, wie in Griechenland. Mozzarella mit Basilikum, Oliven und die Reste einer Bündner Nußtorte. Dann begleite ich die Kölner Freunde durch den Schnee zu ihrer Ferienwohnung. Sie gehört einem Ehepaar aus Verona. Als mir die beiden die Schlüssel für unsere Freunde gegeben haben, bemühten sie sich, deutsch zu sprechen, obwohl ich versucht habe, italienisch zu antworten. Zum Abschied sprachen sie etwas romanisch. Das Romanische immer als Geste. Die Verbeugung vor der Sprache, vor dem Dorf. Ihre Wohnung ist sehr schön, Schieferböden, gewachste Holzböden, die Front gegen das Tal verglast, ein großer, überdachter Balkon. Sie liegt in einem der neuen Niedrigenergiehäuser von Sent.

Sonntag, 27. Dezember

Die letzten Tage hatte es geregnet. Gestern am späten Vormittag war der Regen in Schnee übergegangen. Das Wasser in den Straßen fror. Innerhalb weniger Stunden lagen 20 cm Neuschnee. Heute Sonne und der Himmel ist blau. Immer nach dem Schnee, sagt man hier, wird es schön.

Der Schnee haftet gut an den Zweigen, die Bäume sehen aus wie übertrieben gemalt. Wattig, weich, Schnee wie Zuckerguß auf Lebkuchenhäuschen.

30. Dezember

Silvia ist gestern abgefahren. Andreas sitzt vor dem PC mit Stöpseln in den Ohren. Matthias liest Comics.

31. Dezember

Wie jedes Jahr treffen wir uns am Silvesterabend an unserem Brunnen Bügl Süt. (Der Name »Trockener Brunnen« muß aus einer Zeit stammen, als es in Sent noch Wasserprobleme gab.) Vor drei Jahren haben uns die Nachbarn hier die Hand gegeben und das Du angeboten. Wir sind eine Brunnengemeinschaft. Wir dürfen im Brunnen Teppiche waschen, und wir sind für seine Reinigung verantwortlich. (Ich habe schon gewaschen, aber noch nicht geputzt! Ich warte auf das Brunnenbuch, das mir sagt, wann ich mit Reinigen dran bin.) Uorschla hat Glühwein gemacht und Saftpunsch für die Kinder. Wir andern bringen alle etwas Kleines zum Essen mit. Die Kinder haben Schiffchen gebastelt, aus Rinde, aus Holz, mit brennenden Kerzen drauf, die sie aufs Wasser setzen. Das Licht der schwimmenden Schiffchen spiegelt sich im Wasser. In der letzten Nacht des Jahres stehen wir im Schnee um die Brunnenschiffchen herum, trinken Glühwein, essen. Manfred spricht romanisch, ich spreche deutsch. Ich sage Unsinniges zu Uorschla, etwa: damals, als ich Matthias gesucht habe und er saß dann in deiner Küche und hat Marmeladebrot gegessen, da wußte ich, wir können zu euch kommen. Uorschla schüttelt den Kopf. (Das hätte ich jetzt nicht zu sagen brauchen.)

Die Kölner Freunde holen uns am Brunnen ab. Wir sind zusammen bei Helen und Werner zum Essen eingeladen. Helen muß ihr Auge nicht mehr ununterbrochen schützen. Heute blinzelt es fast schon wie das andere. Wir sitzen um ihren langen neuen Tisch im Flur. Werner hat ihn entworfen. Den Nachtisch später gibt es bei uns. Matthias und Josch, Helens 13-jähriger Sohn, gehen mit unserer Ferienfamilie hinauf zur Waldgrenze, um Raketen steigen zu lassen. Sent ist gezeichnet durch mehrere Dorfbrände, man darf in den Gassen keine Silvesterraketen abfeuern.

Helen sagt: Heute ist blauer Mond. Der Silvestervollmond ist der zweite Vollmond im Dezember.

Hundegang. Wie heißen die Sterne? Ein noch komplizierteres Vokabular.

1. Januar 2010

Gestern am Brunnen sagte unser Feriennachbar aus Zürich, der mit einer spanischen Englischdozentin verheiratet ist: auch wenn man noch nie in New York war, war man in New York, weil man die Bilder kennt. Und doch sei es etwas ganz anderes, einmal selbst dort gewesen zu sein.

Er ist in Zagreb geboren (Muttersprache Kroatisch), kam mit fünf Jahren nach Zürich, studierte in Genf und London. Ein Jahr lang arbeitete er für eine Bank in New York. Seine Frau hat er, wenn ich es recht verstanden habe, in Oxford kennengelernt. Gerade kommen sie aus Spanien, sie haben Weihnachten bei der Großmutter seiner Frau verbracht. Wir kamen drauf wegen des Regens. Sintflutartiger Regen in Spanien; kleine Sturzbäche in Sent. Wie viele Sprachen werden in Sent gesprochen? Er wohnt im einzigen Haus in Sent, das keine romanische oder lateinische, sondern eine deutsche Inschrift hat. Sie läuft als Langzeile über einem Sgraffito, das ein fließendes Band aus ineinandergreifenden Wellen darstellt. Viele Häuser in Sent haben diese Verzierung unter dem Dach. Wenn die Seelen der Toten das Haus verlassen, sollen sie sich in dem eingeritzten Wasserstrom reinigen.

ES IST VOL EIN SER GROSSER SPOT DAS MAN
SGELT MEHR LIEBET ALS GOTT HET MAN GOT
SO LIEB ALS DAS GELT SO STUOND ES VIL BES-
SER IN DER VELT

13.30 Uhr. Sonne, leicht diesig.
Matthias ist wieder eingeschlafen. Heute früh, es war noch dunkel, kamen seine Freunde herein und haben ihn zum Neujahrs-Singen geweckt. Eine unselige Senter Tradition: An Büman, dem 1. Januar, dürfen die Kinder an den Türen mit einem kleinen Sprechgesang, einem leiernden Rufen, um Geld bitten: »E char, e char, dessast il Büman.« Lieber, Lieber würdest du die Neujahrsgabe spenden! Doch wenn um zehn Uhr der Gottesdienst beginnt, müssen sie aufhören. Also fangen die guten Kinder morgens oft vor sechs Uhr an. Und das nach der Silvesternacht. In der Schneefinsternis ziehen sie dann los mit ihren selbstgebastelten Kässchen. Ein Kind, das viele Verwandte im Dorf hat, bekommt mehr als eines, dessen soziale Bindungen nicht so stark sind. Matthias kam mit 60 Franken zurück. Immerhin! Aber die symbolische Bedeutung der 5-Franken-Stücke! Er hatte »nur« zwei. (Wer sie ihm wohl gegeben hat?)

4. Januar

Wir sind wieder zu dritt. Andreas ist nach Köln gefahren. Gestern hat Manfred ein Zimmer in Venedig gebucht. Er will seine Basler Antrittsvorlesung schreiben: »Faule Helden«, Schwerpunkt Thomas Mann und der Zauberberg. Früher ging er ab und an zum Schreiben nach Sent. Jetzt kann er hier nicht mehr allein sein. Manchmal träumt er von einer Hütte auf dem Berg.

Heute gelesen: Im Jahr 2050 werden drei Viertel der Weltbevölkerung in Metropolen leben.

Es gibt in Sent Feriengäste, die bereits in der vierten Generation in dieses abgelegene Bergdorf kommen. Was suchen sie? Wenn ich unsere Feriengäste frage, sagen viele paradoxerweise zunächst, daß sie das suchen, was es hier nicht gibt. Sie wollen Ferien machen an einem Ort ohne Diskothek, ohne Nagelstudio, ohne Sushibar. Ohne Leuchtreklame und Animationen. Denn wo es das alles nicht gibt, haben sie die Chance, daß sich ihre Aufmerksamkeit ändert: auf einmal sehen sie wieder einen Nachthimmel, sie erfahren Stille und das Geräusch der Brunnen, den Geruch von Heu oder Schnee. Ihre Zeiterfahrung ändert sich. Es sind die Glocken, die den Tag einteilen. Menschen grüßen sich, wenn sie aneinander vorübergehen. Feriengäste werden wiedererkannt. Sie gehören dazu. Ein bißchen sind sie als Gäste hier zu Hause.

7. Januar

Gestern im Coop den Dreikönigskuchen mit Krone gekauft. Mit Matthias am Abend drei Stück davon gegessen, genau genommen habe ich sie gegessen, er hat sie nur zerpflückt. Heute Morgen steckt der König in Manfreds Stück. Manfred, der seit zehn Jahren Beobachtungen für den ungeschriebenen Roman »Der Falschmacher« notiert, muß während des Frühstücks die Königskrone tragen.

9.00 Uhr. Hundegang. Sent liegt noch im Schatten. Ich nehme wieder den Weg oberhalb des Friedhofs. Dann plötzlich der Schritt in die Sonne. Es ist nur ein Schritt. Schneidender Glanz. Die frühe Sonnenbahn wandert gegen Sent.

Beim Rückweg treffe ich Uorschla, die mit ihrem Mann aus dem Stall kommt. Sie trägt hohe Gummistiefel. Uorschla erzählt, sie hätten jetzt ein Kälbchen von 22 Kilo. Die Mutter wolle es nicht, weil es so klein sei. Also setzen sie sich neben die Mutter, dann läßt sie das Kälbchen trinken. Jetzt ist es ja schon älter. Aber als es geboren wurde, konnte man es mit einer Hand hochheben und in die Kälberbox legen. Uorschla sagt: Jöri hat am Abend auf einmal gemeint, ach, er müsse noch in den Stall. Er habe so ein Gefühl. Dann hat er das Kälbchen gesehen. Es ist viel zu früh gekommen. Aber es will leben, sagt Uorschla.

9. *Januar*

Leta Semadeni kocht für uns: Kürbissuppe, Kalbscarpaccio, Risottoauflauf mit Krabben und Zitroneneis mit Kastaniensahne. Als Kind, erzählt sie, habe sie immer einen Stapel kleiner Tellerchen neben dem Teller gehabt und alle Speisen in Einzelportionen und getrennt gegessen. (Ein schönes Bild für eine Lyrikerin.) Sie sagt, den ganzen Tag habe sie Cecilia Bartoli gehört, über Youtube, Lascia ch'io pianga. Sie sei süchtig danach. Sie lacht über sich. Sie arbeitet gerade an einem Vorhang aus Photographien.

Das romanische Wort für Heimweh heißt: »increschantüm«. Heimweh haben: »as laschar increscher«, wörtlich: sich hineinwachsen lassen.

10. *Januar*

Unser Chor singt zur Vereidigung des neuen Gemeindepräsidenten und der Gemeindevertreter von Ramosch. Der alte Präsident wurde in Form eines enormen Schneemannes mit Schneebällen beworfen und gestürzt. Alle schwören im Freien bei Gott. Die Turnhalle ist voll. Die große Blaskapelle von Ramosch spielt. Nach dem Singen bekommen wir einen Teller mit Aufschnitt und Gurke. Wir Frauen tragen rosa und hellblaue Blusen, die Männer tragen weinrote Hemden.

Unter den Frauen entsteht eine Diskussion, daß es endlich reicht mit diesen furchtbaren Blusen. Das nächste Mal wollen sie einfach in Schwarz singen. Ich hatte nichts gegen die Blusen. Schwarz tragen viele, die nicht zusammengehören. Wir singen romanische Lieder. Neben mir singt Wanda vom Hotel Val Sinestra. Jeder möchte neben Wanda stehen, denn sie singt gut. Sie hat einen Einheimischen (»einen Mann der romanischen Sprache«) geheiratet und lebt seit 15 Jahren im Tal.

Zunächst haben sie im Val Sinestra gewohnt, als das Kind in den Kindergarten kam, sind sie nach Sent umgezogen.

Im Chor singt auch die Holländerin Monika, sie betreibt in Vnà oberhalb von Ramosch einen Bauernhof und vermietet Zimmer. Sie kommt immer mit Eiern ihrer Hühner in den Chor, die sehr begehrt sind. Sie trägt Schleifen und Bänder im Haar und selbstgestrickte Pullover in bunten Farben. Sie singt Sopran, so sicher, als sei es gar nichts.

Ich ertappe mich dabei, wie eine Ethnologin Verwandschaftsbeziehungen zu buchstabieren. Die Senter Kindergärtnerin (ihr Mann ist Lehrer in Scuol) hat früher in Sils Maria gelebt, sie ist aber in Sent geboren. Ihr Bruder wohnt in derselben Straße wie wir, seine Frau sehe ich immer am Brunnen. Sie haben einen Schäferhund. Ihre Schwester betreibt mit Mengia das Bade- und Geschenkartikel-Geschäft in Scuol (in dessen kleiner Vitrine wir die Anzeige für unser Haus gesehen haben). Diese Schwester hat einen Labrador und zieht mit Mina jeden Abend zum Nordic Walking los. Langsam, langsam sehe ich die Strukturen. Niemand ist hier unverbunden.

Das soziologische »Small World Paradigm« (Stanley Milgram) besagt, daß ein Mensch jeden beliebigen anderen auf dem Planeten über nur etwa sechs Stationen kennt.

11. Januar

Brigitte, die mir den Stern geschenkt hat, und ihr Mann Jon kommen zum Abendessen. Manfred kocht Lasagne. Sie bringen mit: Eier von ihren Hühnern, Minzsirup, Hagebuttenmark, Johannisbeergelee. Brigitte hat mit einem brasilianischen Mann Zwillinge, Vera und Jana (beide gehen in Ftan aufs Gymnasium). Mit Jon hat sie eine Tochter Anina, die in Sent zur Schule geht, eine Klasse über Matthias. Brigitte leitet in ihrem Haus ein Projekt »Betreute Ferien« für Menschen mit Behinderungen. Jon, der Orgel- und Gitarrenbau gelernt hat, macht mittlerweile professionelle Websites. Die beiden möchten hier leben und haben sich Arbeit erfunden. Jon ist, wie er nebenbei erzählt, der Urenkel des Dichters, Essayisten und ehemaligen Schweizer Konsuls in Livorno Peider Lansel. Peider Lansel, 1863 als Kind eines Vaters aus Sent und einer Mutter aus Lavin in Pisa geboren, hat sein Leben als Randulin im Unterengadin und in Sent verbracht. Seinen Bemühungen um die rätoromanische Sprache ist es zu verdanken, daß 1938 das Rätoromanische als vierte Landessprache der Schweiz anerkannt wurde. Peider Lansel hat mit dem Pfarrer und Dichter Otto Gaudenz (dem Großvater von Leta, der Lehrerin) den bis heute jährlich erscheinenden Almanach »Chalender Ladin« gegründet. Sein Motto: »Tanter Rumantschs, be rumantsch!«, unter Rätoromanen nur rätoromanisch! Brigitte hat in der Badewanne in seinem ehemaligen Haus, am Fuße der von ihm restaurierten Ruine der Kirche San Peder in Sent, ihre Tochter Anina geboren. Das Wasser wurde immer kälter, lacht sie, und ich habe es nicht mehr geschafft, aus der Wanne rauszukommen. Und ich habe wie verrückt mit diesem Holzofen-Boiler nachgeheizt, sagt Jon, aber der war zu langsam.

12. Januar

Nach meinem Romanischunterricht sagt Manfred zu mir: Du willst die Sprache gar nicht lernen. Ich sage nichts. Ich denke: Stimmt. Ich will sie geschenkt bekommen. Wie eine Muttersprache. Oder: Ich will mit ihr infiziert werden wie mit einer Krankheit. (Krankheit und Sprache.)

Mein erster Impuls, Rätoromanisch zu lernen, war über das Lesen von Gedichten. Weil Gedichte das Idiom der Muttersprache sind.

13. Januar

Klavierspielen mit Ida. Sie bereitet sich auf eine Orgelprüfung vor; sie sagt, sie sei zu alt für Prüfungen, aber sie will die Aufnahme in einen Kurs schaffen. Ida sagt: als ich ein Kind war, wollte ich immer am Klavier sterben. Das sei eine schöne Idee vom Tod gewesen.

Gestern den Dokumentarfilm »Shahida – Allahs Bräute« (2008) der israelischen Filmemacherin Natalie Assouline gesehen. Sie zeigt den Alltag gescheiterter palästinensischer Selbstmordattentäterinnen in einem israelischen Frauengefängnis. Eine 17-jährige Schülerin ist dabei, die mit einem Sprengstoffgürtel um den Leib einen israelischen Grenzposten in die Luft sprengen wollte. Die meisten der Attentäterinnen sind Mütter. Im Gefängnis sind diese Frauen jetzt vor allem unglücklich, weil ihnen die Kinder fehlen. (Sie haben das Glück erst mit Kindern kennengelernt.) Aber vielleicht sind sie nicht ganz so unglücklich wie in ihrem Alltag draußen in der Welt. Eine der Insassinnen ist nicht religiös. Sie hat einem Israeli nur deshalb ein Messer in den Bauch gestoßen, um ins Gefängnis zu kommen. Ihr Leben hinter Gittern sei freier als das in ihrer Familie, sagt sie. Was geschah all diesen Frauen daheim?

Manchmal wirkt der Film fast idyllisch. Klösterliches Aufgehobensein im Gefängnis. Seltsam, was es ausmacht, wenn ein paar Gitter in einem hellen Blau angestrichen sind.

Hätte man mich mit zwölf, dreizehn Jahren gefragt, ob ich für Jesus Christus sterben würde, wäre ich mitgegangen. Nicht weil ich fromm war. Sondern weil ich unglücklich war. Aber ich habe nicht gewußt, daß ich unglücklich war. Wie soll man das wissen, wenn man nicht weiß, was Glück sein könnte? Das Mädchen, das ich einmal gewesen sein muß, dachte, es glaube an Gott. Aber letztlich wollte es nur irgendwie fort. Sterben. Unsichtbar sein. Nicht sein. Unglück macht verführbar.

Sonne, ein Licht, das an Frühling erinnert. Aber es ist ja noch mitten im Winter. Matthias hat wieder Vogelfutter auf das Balkongeländer gestreut. Der Glanz auf dem Schwarz des Gefieders der Bergdohlen. Im Hintergrund der Schnee des Daches. Schneeschatten, Gefiederblitze.

Ich schaue bei Wikipedia nach: Alpendohlen (oder Bergdohlen) haben gelbe Schnäbel und rote Beine. Sie sind mit der Alpenkrähe verwandt. Die Alpenkrähe hat einen roten Schnabel. Sie brütet noch im Unterengadin. Vermutlich ist sie durch die Alpen- oder Bergdohle bedroht. Was da draußen frißt, sind eindeutig Bergdohlen. Aber ich werde auf die Schnäbel achten, vielleicht kommt doch noch einmal eine Alpenkrähe. (Alpenkrähen sind kleine Raben).

21. Januar

Anke kommt mit ihrer Tochter Cristina zum Abendessen. Anke, 34 Jahre alt, aufgewachsen in Stein am Rhein, lebt seit vier Jahren in Sent. Ihre Mutter ist Schweizerin, ihr Vater Deutscher. Der Vater ihrer Tochter Cristina ist Italiener. Aber sie sind seit zehn Jahren geschieden. Anke arbeitet bei der Bank in Scuol und hat so viel Romanisch gelernt, daß sie sich mit ihren Kunden unterhalten kann. Gespräche über Anlageberatung führt sie dann auf Schweizerdeutsch oder Hochdeutsch. Anke erzählt: Noch vor einem Jahr behauptete Cristina immer, daß sie Engadinerin sei und daß sie einen Engadiner Paß bekomme und daß erst nach dem Flüelapaß die Schweiz beginne. Wir haben dann die Karte aufgeschlagen, sind mit dem Finger die Schweizer Grenzen zu den Nachbarländern abgefahren und haben ihr gezeigt, daß das Engadin zur Schweiz gehört. Doch davon wollte sie nichts wissen. Vielleicht hatte sie ja recht. Denn als Gaddafi die Schweiz aufteilen wollte – die Deutschschweiz zu Deutschland, die Französische Schweiz zu Frankreich und das Tessin zu Italien –, da hat er das Engadin niemandem zugeschlagen. Er hat es vergessen. Das Engadin wäre eigenständig geblieben.

Wir essen Wiener Schnitzel (von Manfred) und Kartoffelsalat (Böhmisches Rezept meiner Mutter).

Wir ändern uns, sagt Anke. Als ich noch Touristin war, hat mich der volle Bus nicht gestört. Es war mir auch egal, wenn Skifahrer ihre Skier da abgestellt hatten, wo eigentlich Platz für einen Kinderwagen sein sollte, und wenn dann in einer Kurve die Skier auf den nächsten Passagier knallten. Heute bin ich genervt, wenn Touristen ihre Skier nicht festhalten und wenn sie die Kinder fast zerdrücken. Und hast du jetzt wieder die Entsorgungsscheune neben dem Dorfladen gesehen? Es ist unglaublich. Die Touristen werfen da alles rein, Pappe, Papier, zerbrochene Teller, kaputte Skisachen, oder sie stellen einfach ihre Müllsäcke auf den Boden, nicht die gelben, bei denen die Gebühr bezahlt worden ist, sondern irgendwelche Säcke. Es wird einfach alles entsorgt, egal, ob es da entsorgt werden kann. Der Gemeindearbeiter, der das wegräumen muß, tut mir jedes Jahr leid.

Sollen wir einen kleinen Knigge für Sent-Touristen schreiben? frage ich. Machen wir, sagt Anke.

Cristina und Matthias haben sich auf den Boden zurückgezogen. Sie hocken beieinander und bauen etwas mit Lego auf. Sie sprechen leise romanisch.

22. Januar

Auf dem Weg nach Newcastle. Warum das Tal verlassen? Ich werde einen Schreibkurs für englische Deutschstudenten geben. Mich interessieren die Möglichkeiten des kreativen Schreibens im Fremdsprachenerwerb. Einmal unterrichtete ich einen jungen Chinesen, der kaum Deutsch konnte, aber wunderbare literarische

Ideen hatte. Er lernte sehr schnell. In seiner Heimat publizierte er Gedichte, wie ich später erfuhr.

Henrike, Professorin für mittelalterliche Literatur, leitet das German Departement der Universtät von Newcastle. Wir sind befreundet seit der Zeit, als ich in Tübingen einmal ein Manuskript einscannen mußte. Der Scanner stand bei den Mediaevisten. Das war vor etwa zehn Jahren.

Tunnel, die schönen Eisenbahnbrücken der Rhätischen Bahn. Schnee, bläuliche Bäume, Bäume in dunklem Flaschengrün. Graues Grün, Lärchen, gefiedert. Kiefern, Arven? Durch den Wald ziehen sich Schneisen für den Holztransport, weiße Bahnen. Der Inn hat die Farbe der dunklen Bäume. Am Ufer sind die Büsche und Bäume voller Reif. Silberne Eisränder, Eisinseln im Wasser. Der Tunnel zwischen Ardez und Ftan ist wieder befahrbar.

Lavin. Die Holzbrücke über den Inn. Häuser in Weiß und Rosa, Pfirsich, Weinrot. Das karmesinrote Schulhaus trägt Schilder, die um Mieter werben. Aus Mangel an Kindern wurde die Schule geschlossen.

Junge Lärchen heben die Zweige, alte Bäume senken sie. Die Geste gemalter Engel. Dem Leben »gewachsen« oder »nicht gewachsen« sein. An den Wörtern steigen Bilder, steigen Vorstellungen auf, die versucht werden

wollen. Etwa: nicht gewachsen sein. Sich das Leben nehmen, nicht aus Verzweiflung, nicht aus Müdigkeit. Nur ein Sich-Ergeben in das Nicht-gewachsen-Sein.
 Der Vereinatunnel beginnt bei Saglains.

Klosters Dorf, die Schneeverwehungen zwischen den Gleisen: wie der Blick aus dem Flugzeug auf die Alpen.

Der Schnee in der Sonne wie ein Tuch, das weggezogen werden könnte.

Kurz vor Saas fährt die Bahn durch einen sonnendurchfluteten Schneewald. Tännchen wie in alten Kinderbüchern. Meine Mutter malte solche Schneetännchen als Gruß, manchmal, am Ende eines Briefes hinter ihre Unterschrift.

Vor der Felsenpforte aus dem Prättigau hinaus erscheinen Nebelschleier, Streifen wie Bänder, die die Landschaft zusammenhalten und zugleich verwischen. Dann steigt das Weiß der Wiese auf zum Weiß, das die Bäume verschluckt. Darüber Hügel, Berge, Sonne.
 Das Tuch wurde niedergelegt. Darauf stehen nun dick und wollig Pferde im Schnee.

Schmelzen, Läutern. Reinigt man nicht Silber durch Schmelzen? Läutert der schmelzende Schnee die Berge?

Ich möchte nicht fortfahren.

30. Januar

Auf dem Heimweg. Anflug auf den Flughafen London Heathrow.

Gestern abend beim Abschiedsessen: Ellen, eine 27 jährige Leipzigerin, gerade Lektorin in Newcastle, erzählt: Die erste Erdnuß habe ich mit Schale in den Mund gesteckt; Franzi, etwas jünger, ebenfalls aus dem deutschen Osten, sagt: und dann, nach der Wende, war Messe in Leipzig, es gab einen Stand mit Austern. Ich habe meinen Vater angebettelt, unbedingt wollte ich eine Auster essen. Der Westen, das waren für mich Austern. Mein Vater hat mir eine gekauft. Eine, wißt ihr! Und ich habe sie sofort ausspucken müssen. Ich habe nur gespuckt. Franzi lacht. Ich lache auch und denke: da bin ich in Newcastle und höre Geschichten aus der DDR, einem verschwundenen Land, das nun am Tyne auftaucht, mit Austern. Und meine Oma, erzählt Franzi weiter, hat einmal ein Westpaket bekommen und sich dann bei anderen Verwandten im Westen beschwert. Sie fände es nicht korrekt, daß man ihr eine alte Zitrone geschickt hätte. Eine Zitrone, die schon ganz braun gewesen sei und pelzig! Die Verwandten im Westen schwiegen. Erst nach der Wende haben wir begriffen, daß die Oma damals eine Kiwi bekommen hat.

Der besondere Geruch der Westpakete, sagte Ellen. Franzi nickt, Westdeutschland, das war ein exotisches Land.

Heute Morgen, als ich aufwachte, lag Schnee in den Straßen von Newcastle. Alles weiß. Die kahlen Bäume vor Henrikes Fenster waren voller Schnee, der Rasen. Ein kleiner Glücksschock. Ich bekomme Schnee zum Abschied, denke ich, und auf die Reise. Henrike nimmt das Fahrrad und begleitet mich zur U-Bahn: wie die Geräusche sich samtig ändern, wenn Schnee liegt, selbst in einer Stadt. Dann fährt sie mit zum Flughafen. Vor der Sicherheitskontrolle drückt sie mir einen Memorystick in die Hand. Schubert, Deutsche Messe. Die Musik sei eigentlich zu schön, sagt sie und schüttelt den Kopf, auf einmal ganz Professorin und so, als sei diese Geste für sie zu weich.

London Heathrow, »Multi-faith room«. Ich sehe, wie nacheinander arabisch aussehende Männer in den Neonjacken der Flughafensecurity in den Vorraum gehen. Dort ziehen sie ihre Schuhe aus. Christen würden vor dem Beten nicht die Schuhe ausziehen. Einen Multi-faith room kann es nur geben für einen Mehrzweckglauben. Aber der bräuchte keinen besonderen Raum.

Ich setze mich vor die Abflugtafel.

»Was ich immer erzählen muß, immer sagen muß: daß ich keine Heimat habe, daß ich ein Fremder bin, und das meine ich nicht pathetisch, sondern als gute Sache. Weil ein Schriftsteller, nach meinem Geschmack, muß ein Fremder sein.« Ich mag diesen Satz, den Georg Tabori gegen Ende seines Lebens in einem Radiointerview gesagt hat.

»Meine Heimat ist mein Handy«, sagte meine Tochter einmal.

Für den Flug nach Zürich wird eine Verspätung notiert. Ich krame das Taschenbuch »Über-Empfindlichkeit« von Silvia Bovenschen aus meinem Rucksack. Blond, denke ich, schmal und mit einer hellblauen Strickjacke. Vielleicht hat Silvia Bovenschen beim Ingeborg Bachmann Wettbewerb in Klagenfurt einmal eine dünne, blaue Strickjacke getragen. Vielleicht fällt mir auch nur die Farbe ihrer Augen ein, die in der Erinnerung die ganze Person in ein helles, blaues Licht tunkt. An einem eingerückten Cioran-Zitat bleibe ich hängen:
»So wie der Geist, ersinnt auch das Herz sich Utopien; die merkwürdigste davon ist die eines *heimatlichen Alls*, wo man ausruhen darf von sich selber – auf einem kosmischen Ruhkissen für all unsere Müdigkeiten. Nicht nach etwas Handgreiflichem strebt die Sehnsucht, sondern nach einer abstrakten Wärme, grundverschieden von der Zeit und einem paradiesischen Vorgefühl nah verwandt.«
Cioran war ein Schlafloser, denke ich und lese weiter:
»Alles, was die Existenz als solche nicht gelten läßt, grenzt an Theologie.«

Stimmt das? Beginnt Theologie nicht gerade da, wo ich an etwas sehr Konkretes, Lebendiges glaube? – »Die Sehnsucht ist also nichts anderes als eine Gefühls-Theologie, deren Absolutes sich aus den Elementen des Wunsches zusammensetzt und deren Gott ein von der Ermattung ausgearbeitetes Indeterminiertes ist.«

Die Abflugtafel zeigt weitere 20 Minuten Verspätung. Ich ziehe die Beine hoch auf den Stuhl, lehne mich zurück und denke, daß ich die Existenz als solche fraglos gelten lassen und jetzt nur noch ganz profan nach Hause will.

Februar

Vollmond, Pferdeschlitten sind unterwegs. Man kann sich in der hellen Nacht, eingewickelt in Felle, ins Val Sinestra oder auch ins S-charl-Tal fahren lassen. (Wir haben das noch nicht gemacht. Ist es ein bißchen wie in Tübingen? Wir gingen in den Hölderlinturm, wenn Besuch kam.)

Samstag, 6. Februar

Frau B., ein Feriengast, sagt: Ich schlafe hier. Ich gehe um neun Uhr abends ins Bett und ich schlafe bis neun Uhr. Ich schlafe nie so wie hier. Und ich träume. Ich träume sonst nie.

Im Flur eine Stimme. Es ist Not Vital. Er kommt herein. Wir haben uns das letzte Mal im September gesehen. Er setzt sich, als sei es gestern gewesen und springt sofort erzählend zwischen Peking und Agadez, Koranschulen und Sonnenuntergängen hin und her. Er möchte auf jedem Kontinent einen singulären Ort finden und gestalten, an dem man den Sonnenuntergang betrachten kann. In den Bergen gibt es ja keinen Sonnenuntergang, sagt er. Wir trinken Tee. Aus einer Plastiktüte wickelt er einen honiggelben kleinen Quader aus. Er streicht mir mit dem Quader über das Handgelenk. Es riecht aromatisch. Von einem Tier, sagt er. Aus einer Drüse, sage ich. Er nickt, wiederholt das Wort Drüse. Er steckt den Quader wieder in die Plastiktüte. Die Plastiktüte in die Tasche seines Anoraks. Er ist dünn geworden. In Afrika wird man dünn, sagt er. Sag mir, wo du warst, sage ich und hole ein Blatt. Er nimmt meinen Pelikanfüller. Ist schöner als, sagt er nachdenklich und dreht den Füller in der Hand – wie heißt der andere? – Montblanc, sage ich. – Vielleicht, sagt er. Dann schreibe ich: Peking, Wien, Peking, Hongkong, Guangxi, Peking, New York, Toronto, Santiago, mit dem Auto durch Argentinien bis zur Insel, sagt er. Ich notiere: Patagonien. Dann wieder Santiago. Rio (Rio ist vielleicht die schönste Stadt. Und an zweiter Stelle? Noch einmal Rio. Und an dritter? frage ich. Er überlegt. Dann sagt er: Sanaa, Jemen). Und weiter nach: Lissabon, Casablanca, Rabat, das Atlas-Gebirge, sagt er, dann Niamey, Agadez. Und zurück: Niamey, Casablanca, Portugal, Zürich.

Zürich, sage ich, und wie bist du nach Sent gekommen?

Mit der Rhätischen Bahn, sagt er, wie sonst?

Die Bewegung ist wichtig, sagt er, die Bewegung löst viel aus; Manfred ist zum Schreiben doch auch nach Venedig gefahren.

Er habe begonnen zu malen. In Peking habe er seinen Assistenten Mizo gemalt. Mit schwarzer und weißer Ölfarbe. Und was er malte, sah so aus wie Mizo. Ich wußte nicht, daß das so einfach ist. Ich habe mich in einem Metall gesehen. Ich habe mich gemalt und ich sah aus wie ich. Morgens wache ich auf und kann nicht abwarten zu malen. Schwarz und weiß. Ich habe meine Mutter gemalt. Nur ihr Gesicht. Sie verabschiedet sich. Sie gibt mir die Hand und verabschiedet sich. Sie sagt, sie sterbe. Sie schreibt meinem Bruder kleine Zettel und legt sie überall hin. Adieu, sta bain!

Der Friedhof, sage ich. Das Grab mit der Hand. Es ist das Grab deines Vaters? Es ist sehr schön! Nein, sagt er, das war mein Cousin. Er hatte Bauchspeicheldrüsenkrebs. Er wußte, er würde sterben. Er hat mich um einen Grabstein gebeten. Ich habe seine Hand genommen und in Gips getaucht. Dann bin ich mit dem Abdruck nach Italien gefahren.

Der Abdruck der Hand liegt im Marmor wie eine Berührung. Als könne man dem Tod die Hand auflegen, ihn mit einer kleinen menschlichen Geste zurücknehmen.

Sonntag, 7. Februar

Das Romanische ist ein unsichtbares Sprachschild des Dorfes. Eine hauchfeine Grenze gegen die Touristen, aber auch gegen die Zuwanderer. Es ist wie im Märchen. Du mußt das Wort kennen, wenn du den Felsen öffnen willst.

Bald ist der Senter Faschingsball. Ich erinnere mich an unseren ersten Winter. Manfred und ich trauten uns nicht hinzugehen. Mit dem Hund als Vorwand schlichen wir um die gläserne Front der Schulsporthalle. Vorsichtig traten wir ans Glas: wunderbare Masken. Auf dem Heimweg sahen wir drei junge Frauen mit riesigen Blütenschirmen. Einmal gehe ich doch hin. Wenn ich sprechen kann, gehe ich tanzen.

Montag, 8. Februar

Gestern war es schon warm. Das Schmelzwasser floß die Straßen hinunter. Die Vögel riefen anders, oder riefen schon andere Vögel?

Heute ist es wieder sehr kalt und ganz klar. Sonne, blauer Himmel. Immer noch bin ich überrascht, wie schnell sich das Wetter in den Bergen ändert.

Not sagte: In diesen Tagen ist es hier wie in einer Stadt, im Laden sprechen sie kein Romanisch mehr. So viele Leute.

Eine befreundete Journalistin aus Tübingen, die regelmäßig zum Skifahren kommt, schreibt: Sent soll nicht Santorin werden!

Es ist das alte Paradox. Die Touristen haben Angst vor dem Tourismus.

Was suchen sie hier? Frau B., mein Feriengast, sagt: Die Abfahrt von Prui nach Ftan, diese weit ausschwingende langsame Waldabfahrt, das ist es! Das ist Skifahren wie früher.

Sie suchen keine Steigerung, eher die Zurücknahme.

Heute kommt Matthias während der Schulzeit kurz nach Hause: Im Sportunterricht gehen sie Schlittschuhlaufen. Er braucht seinen Skihelm. Später mit dem Hund sehe ich sie dann: der Lehrer mitten auf dem Eis, die Kinder bilden zwei Mannschaften, machen einen Wettlauf um Hindernishütchen. Das alles in diesem Licht, in der Höhe. Der Platz liegt direkt am Hang. Eislaufen in der Luft. Man kann dort auch Schlittschuhe ausleihen; die einheimischen Kinder bekommen sie offensichtlich umsonst. Das Leihen der Skier in Sent wird für Dorfkinder nach Zentimetern berechnet: Matthias ist 140 cm groß; also beträgt die Miete für die Skier 140 Franken. Für den ganzen Winter. Der Skipaß für die Dorfkinder kostet für die Saison 50 Franken.

Matthias ist in Tübingen gerne zur Schule gegangen. Er liebte seine Lehrerin. Er wollte nicht nach Sent umziehen. Er hatte Freunde, einige noch aus der Krabbelgruppe. Wir fürchteten ein wenig den ersten Schultag. In Sent werden die Klassen eins bis sechs in allen Fächern auf rätoromanisch unterrichtet. Erst ab der vierten Klasse ist Deutsch als Fremdsprache offizielles Schulfach.

Gleich nach dem Umzug Ende Juli hatte Matthias von der Gemeinde finanzierten Rätoromanisch-Unterricht bekommen, damit der Schulbeginn Mitte August für ihn einfacher sein würde. Aber natürlich verstand er nur ein paar Wörter.

Seraina, die Architektin von nebenan, Schwiegertochter von Uorschla und Mutter von Urezza, Clot Curdin und Fila, ging mit Urezza an der Hand zum ersten Schultag der zweiten Klasse. Sie nahmen Matthias und mich mit. Vor der Schule warteten schon Kinder und einige Mütter. Matthias kannte seine zukünftigen Schulkameraden vom Fußballspielen, vom Brunnen, aus den Gassen.

Die Lehrerin kam und die Kinder rannten voraus und ins Schulgebäude hinein. Als ich die Klassenzimmertür erreichte, saß Matthias bereits an einem der Tische. Ich blieb an der Tür stehen. Die Lehrerin fragte, ob ich am ersten Tag dabei sein wolle. Ich sah nach Matthias. Er schüttelte entschieden den Kopf. Da drehte ich mich um und ging.

Als Matthias nach Hause kam, ich putzte gerade Salat, warf er schwungvoll seinen Schulranzen in den Flur. Das klang schon gut. Na, wie war's? fragte ich. – Viel besser, sagte er. – Was heißt viel besser, sagte ich und spülte die grünen Blätter ab, du verstehst die Sprache nicht. Was ist denn besser?

Alles, sagte er.

Ich wischte mir die Hände ab und dachte nach: War das Kind erleichtert, daß der erste Tag in der neuen Schule gut vorbeigegangen war? Schützte es sich vor der Trauer um den Verlust seiner Tübinger Klasse, indem es sich jetzt einen Gewinn einredete? Oder gefiel es ihm wirklich unter den rätoromanischen Dorfkindern?

Lange vor uns wurde Matthias in Sent mit Namen gegrüßt. Überall, wo er auftauchte, sagte jemand: Chau Matthias!

Kindergarten und Schule in Tübingen waren stark durch Akademiker-Familien geprägt. Kaum konnten die Kleinen sprechen, diskutierten die Eltern, wann sie mit dem Fremdsprachenunterricht beginnen sollten. Es war nicht ungewöhnlich, daß Vorschulkinder Kuscheltiere besaßen, die nur »Englisch sprachen«. In der ersten Volksschulklasse war das achtjährige Gymnasium ein Thema. Fraglos galt, daß ein Kind vor allem optimal gefördert werden müsse. Es sollte etwas werden (Abitur war das Mindeste). Und leicht wurde vergessen, daß ein Kind schon etwas war.

Wir sind keine besonders ehrgeizigen Eltern. Aber irgendein heimlicher Druck fiel von Matthias ab. Er war der intellektuellen Monokultur einer kleinen Universitätsstadt entkommen. Die Zukunft zeigte sich offener, roch auch nach Heu und Milch. Matthias ist nicht nur in der Schule (jeweils zwei Klassen mit etwa zehn Kindern werden in einem Raum unterrichtet), sondern auch in der Freizeit immer mit der überschaubaren Gruppe seiner Klassenkameraden zusammen. Und diese Gruppe, der Jahrgang, wird im Dorf als kleiner Sozialverband wahrgenommen und angesprochen, was wiederum ihren inneren Zusammenhalt verstärkt. Unter diesen Bedingungen kann Schulzeit leichter Gemeinschaft sein als zielgerichtete Karrierezeit. Denn die bergende Zugehörigkeit zu einem Jahrgang hat mit Leistung nichts zu tun.

Und, mag sein, auch von uns fiel etwas ab.

Lange habe ich gebraucht, bis ich begriffen habe, daß man sich mit Namen grüßt. Es ist unhöflich, den Vornamen nicht zu sagen. Ich höre: Chau Angelica, oder Allegra Duonna Angelica.
    Es gibt viel zu lernen an den kleinen Dingen.

12. Februar

Im Nachbarhaus sind die Feriengäste mit den Windhunden und dem hohen Papageienkäfig wieder gekommen. Nachts sieht man von der Straße durch das tiefe Fenster des Engadiner Bauernhauses die zwei großen tropischen Vögel im Licht der Stube. Morgens ziehen zwei nervöse Windhunde vor dem Brunnen an ihrer Leine.

13. Februar

Morgenglanz, hätte Goethe gesagt. Ein blauer Dunst, ein Schleier, die Ostwand des Piz Pisoc schimmert schneeig hindurch. Wie eine Inszenierung. Solo für einen Berg.

Die Landschaft spielt mit sich selbst. Da ein Streifen Lichteffekt, dort ein wildes Flimmern der gefrorenen Schneedecke. Und wir, mein Hund und ich, laufen durch die Szene, zwei Helden auf dem schmalen Weg am Hang im Schnee.

Gestern gegen Abend sehe ich ein Blitzen, kürzer als eine Sekunde, gerade an der Grenze zur Wahrnehmung, ein helles, breites Blitzen, ungewöhnlich. Ich schaue nach, aber da ist es schon hinter den Dächern verschwunden. Beim Abendessen sagt Matthias: Weißt du, Mama, was ich heute gesehen habe? Etwas ganz Schönes. Eine Sternschnuppe, über dem Wald.

Und jetzt erst habe auch ich eine Sternschnuppe gesehen.

16. Februar, Dienstag

Kühe im Schnee. Sie stehen. Sie sind nicht in Bewegung wie Kühe auf einer Wiese. Es gibt nichts zu malmen. Also stehen sie. Im Schnee. Weil sie Biokühe sind. Sie müssen eine bestimmte Stundenzahl im Freien verbringen. Sie haben nichts zu tun. Morgens werfen sie einen Schatten wie Kühe. Abends werfen sie Schatten wie Zelte. Schwarze Zelte im Schnee. Eine Nomadensiedlung korrekter Kühe.

17. Februar

Heute vor einem Jahr war Helens Unfall. Ich bringe ihr rote Tulpen, helle und dunkle. Sie ist so dünn in dem schwarzen Pullover und den Jeans. Ihr Auge ist frei. Sie sagt, sie wisse nicht, ob dieser Tag etwas zum Feiern oder zum Klagen sei. Zum Feiern, sage ich. Unbedingt. Sie lacht zweifelnd. Du bist zu ehrgeizig, sage ich. Nein, sagt sie, aber der Kopf wolle noch nicht richtig. Was sie sich alles aufschreiben müsse! Aber du kannst schon wieder arbeiten, sage ich. Ja, sagt sie, das geht schon, da staune sie selber.

Sie nimmt die Blumen und stellt sie in eine Vase.

Es schneit. Schnee wie Stille. Schnee wie Auslöschen. Keine Berge mehr. Schnee des Verschwindens. Schnee fällt wie Flimmern. Dahinter Helle. Milchig, warm.

Dann hört der Schnee auf. Es wird klar und die leichten Wolken schwimmen im hellen Blau wie ein Aquarell. Die Leichtigkeit der Landschaft. Das Wort »Zeitraum«.

Meine Angehörigen sind auf romanisch: ils meis (da chasa), die Meinen (von zu Haus).

22. Februar

Chur, Café Maron. Manfred und ich sind auf dem Weg zu einem Hölderlinworkshop an der Kunstschule Liechtenstein. Am Bahnhof wollen wir Andreas treffen. Wir bringen ihm seine Skier und die Skisachen aus Sent für einen Skikurs in Arosa. Wir kommen zufällig zur selben Zeit wie die Busse aus Köln an. Es sind 130 Studierende. Sie laufen mit ihrem Gepäck in die Bahnhofshalle. Wir suchen unseren Sohn. Manfred trägt seine Skier und die Tasche mit den Kleidern, ich trage in jeder Hand ein paar Skistiefel, weil wir nicht mehr wußten, welche seine sind und welche die von unserem Stuttgarter Freund Maik. (Am Telephon ließ sich das nicht klären, weder Maik noch Andreas erinnerten sich an die Marke, beide Paare Skistiefel sind schwarz und riesengroß, einmal Head, einmal Salomon. Unser Senter Keller ist mittlerweile ein Basislager für die Ski- und Wanderausrüstungen unserer Freunde.) Wir suchen unter den vielen Jugendlichen. Dann sehen wir, wie er aus der Menge auf uns zukommt. Seltsame Gefühle: Freude,

Stolz. Er trägt einen roten Anorak, schwarze Hosen. Er ist groß. Er ist einer von den Sportstudenten.

Zuhause in Sent hütet Silvia den Kleinen. Bevor wir gefahren sind, hat sie mir die Augenbrauen gezupft, damit ich schön sei für den Kurs. Silvia und Matthias sind froh, ein paar Tage ohne uns zu sein. Silvia bleibt bis zum 6. März, dann kommt sie mit nach Luzern zu meiner Lesung. Von dort fährt sie zu ihrem Freund nach Berlin. Zu Manfreds Antrittsvorlesung in Basel Mitte März kommt sie wieder. Auch Andreas wird von Köln kommen, er besucht danach einen Freund in Basel. Pendelnde Kinder.

1. März, Chalandamarz

Chalandamarz kannten wir aus dem »Schellenursli«, dem neben »Heidi« wohl bekanntesten Schweizer Kinderbuch. Der kleine Schellenursli bekommt am 1. März für den Umzug durchs Dorf, bei dem die Kinder mit den Kuhglocken den Winter ausläuten, nur eine kleine Glocke und wird deshalb ausgelacht. Heimlich macht er sich auf durch den Schnee, um die große Glocke aus dem hochgelegenen Maiensäss zu holen. Als er am Abend nicht zu Hause ist, sucht ihn das Dorf und alle sind beunruhigt. Umso größer ist die Freude, als er am nächsten Tag wohlbehalten mit der größten Glocke zurückkommt. Und er, der Kleinste, darf nun den Chalandamarz-Zug der Dorfkinder anführen.

Chalandamarz ist aus dem Bilderbuch in unseren Jahreskreislauf gekommen. Seraina hat Matthias einen blauen Bauernkittel ausgeliehen (einen selbstgenähten, von Uorschla), ihr Mann Jöri gibt ihm eine Glocke. Die rote Mütze haben wir selber und ein rotes Halstuch.

8.45 Uhr: das Dorf widerhallt von den Glocken. Der Klang von 90 Kindern wie von Kühen. Buben schütteln die schwere Glocke wie unruhige junge Tiere. Die Mädchen bewegen sie wie Instrumente. Ein Sonnentag, ein Himmel aus tiefem Blau. Sie treffen sich vor der Kirche; die nächsten zwei Stunden werden sie an den Senter Brunnen singen:

Avant Baselgia, Bügliet, Sala, Stron, Surataglia, Vidos, Schigliana, Archas Sura, Archas Sot, Bügl Süt, Curtin Sura, Curtin Sot, Plazzetta, Saglina, Fora da Büz, Chasellas, Plaz und zum Abschluß noch vor der Post.

Bei Schigliana, nach etwa der Hälfte, gibt es Tee und Kuchen. Das halbe Dorf und Feriengäste folgen den roten Mützen, den blauen Hemden, den Glocken. Ältere Schüler tragen Tracht, manche Jungen rauchen Pfeife, halten einen Stock, der oben einen Quirl mit vier Streben bildet, ein altes Gerät zum Brechen der gestockten Milch beim Käsen. Andere Buben knallen mit langen Peitschen den Winter fort. Zwei Schüler, ein junger Mann, eine junge Frau aus der letzten Klasse, sind Einsänger. Sie blasen in ein kleines, rundes Gerät und geben den ersten Ton vor. Manche Lieder werden dreistimmig gesungen. Die Lehrer gehen mit dem Dorf und den

Feriengästen den Kindern nach. Chalandamarz ist eine Sache, die die Schüler alleine durchführen.

Die Einsängerin trägt eine weiße, am Saum mit Blumen bestickte Leinenschürze, darunter einen blauen Faltenrock aus gewebter Wolle und ein kurzes, in Perlmuster gestricktes helles Jäckchen. Auf einmal – die roten Mützen, die blauen Hemden sind eine hohe Gasse hinaufgestürmt – lehnt sie sich an den Brunnen und trinkt. Sie trinkt mit der Hand aus dem Strahl. Der Segantini-Moment. Ich sehe sie trinken und sehe zugleich die Überblendung. Die Szene ist schön. Ist sie schöner noch durch das zugleich auftauchende Bild?

Am späten Nachmittag ist der Weg über dem Friedhof voller Schlamm. In Schneematsch und verkrustetem Eis stehen Pfützen aus Schmelzwasser. Der Schnee fault. Tanja, die Tochter von Mina und Jürg, kommt mit ihrem Pferd und dem staksigen Fohlen. Ich halte den Hund fest und lasse sie vorbei. Das Einjährige springt über die Schneewiesen. Es bleibt stehen, sieht zu Tanja und seiner Mutter zurück. Und springt weiter. Tanja ruft, aber das Fohlen will nicht kommen. Dann steht es weitab reglos da. Wie vor einer grundsätzlichen Entscheidung.

2. März

Die Nacht war kalt. Am Morgen ist der Weg wieder gefroren, unebene Verwerfungen aus Eis und altem Schnee. Diffuses Licht, in der Höhe helles Blau und weiße Wolken. Ich drehe mich um und sehe über dem Dorf einen hohen, in sich drehenden Schwarm von Staren. Die Angst ist da. Und dann gehe ich den Weg weiter, und die Angst schwindet. Es gibt keinen Grund, denn das Gehen mit dem Hund ändert nichts. Vermutlich sind wir sehr viel mehr Körper, als wir wissen. Wir reagieren auf Licht, Luft, die Selbstverständlichkeit der Berge. Es ist einfach, da zu sein.

Es ist warm, ich muß den Anorak öffnen. Ich denke an Leta, die Lehrerin, die mir erklärt hat, was »porta samada« ist: Wenn der weiche Frühjahrsschnee über Nacht anfriert, dann hat er morgens für eine kurze Weile eine Eisschneedecke, die fest ist, die trägt. Es ist kurz nach neun Uhr. Ich weiche vom Weg ab und probiere »porta samada« aus und es gelingt noch, fast. Vorsichtig laufe ich über die gefrorene Schneedecke. Neun Schritte trägt sie, beim zehnten breche ich knietief ein. In wenigen Minuten wird es nicht mehr gehen.

Chalandamarz-Ball in der Sporthalle der Schule. Es gibt zwei Musiker, Volkslieder und Schlager, eher aus den Siebzigern. Auch der Ball ist Sache der Schüler. Sie tanzen frei, aber sie haben im Unterricht auch die traditionelle Polonaise eingeübt. Auf der Bühne formieren sich nun alle Schüler zu Zweier-, zu Vierer-, zu Achtergruppen, die sich voneinander weg und aufeinander zu bewegen. Die Kleinform ist das Paar. Ich weiß von Matthias, daß es sehr wichtig ist, wer sich mit wem zur Polonaise verabredet, und daß die Polonaise lange geprobt wird. Am Ende halten sich alle an den Händen, kommen herunter von der Bühne und laufen durch die Gänge zwischen den Tischen und Bänken. Sie sind eine Gruppe, die sich wandelt, öffnet und schließt, die sich verzweigt und immer wiederfindet. Die großen Schüler geben die Zeichen für den Wechsel der Figuren.

Gegen Mitternacht ein Kreisspiel: die Jungen bilden einen Innenkreis, stehend, die Mädchen laufen als Außenkreis an den Jungen vorbei. Alle klatschen zur Musik. Wenn sie aufhört, müssen sich die Jungen ein Mädchen greifen. Einer bleibt übrig, die Musik geht weiter. Das Ganze dann auch umgekehrt, der stehende Innenkreis aus Mädchen, der laufende Außenkreis aus Jungen. Ein Mädchen in türkisfarbener Bluse bleibt zweimal allein. In der dritten Runde faßt sie beherzt nach einem Jungen, der zwei Köpfe kleiner ist als sie. Aber sie hat ihn. Es ist ein altes Spiel, nach einer alten Musik. Sie spielen es neu. Sie mögen es noch.

Von 20 bis 22 Uhr war ich eingeteilt für das Buffet. Cristina mit den schwarzen Locken, Logopädin und die Frau von Andri, unserem Treuhänder, sagte, daß wir heute Abend einen Romanischkurs machen und sie nur romanisch mit mir spreche. Wenn es aber ernst wird und ich nicht verstehe, daß ich das heiße Wasser mit den

Viennaisas, den Wiener Würstchen, zurückdrehen soll, sagt sie es doch auf deutsch. Das Deutsch ist immer die letzte, schlechte Rettung. Warum fällt mir das Romanische so schwer? Mit Neid sehe ich ein Schweizer Paar aus dem Unterland, das auch nicht länger hier lebt als wir. Die beiden sitzen an einem Tisch mit den Einheimischen und sprechen fließend.

Nachdem ich beim Buffet geholfen habe, möchte ich heimgehen. Nein, ich möchte nicht heimgehen, aber ich weiß nicht, wohin, zu wem ich mich setzen soll. Die Tische sind nicht zufällig belegt. Das sehe ich, ohne die Ordnung genau benennen zu können. An einem Tisch sitzen die Lehrer, ganz vorne.

Matthias ist nicht zu bewegen, mit nach Hause zu kommen. Er hat rote Backen. Er tanzt mit Lino, Fabio und Gian Luca Kreistänze. Sie drehen sich, bis ihnen schwindelig wird. Auch zu zweit. Dann spielen sie Fangen zwischen den Tischen. Die Bühne ist voller Kinder und Jugendlicher. Manchmal kommt auch ein erwachsenes Paar dazu und tanzt. Die beiden Schweizer aus dem Unterland, die Romanisch sprechen, und der englische Bergführer mit seiner Frau, die aussieht wie Geraldine Chaplin, und Lehrer Andri und seine Frau Gianna Bettina. Nicht alle kenne ich. Es scheinen keine Touristen im Raum zu sein. Ich möchte Matthias nicht alleine dalassen, es ist schon spät. Ich gehe durch den Raum langsam zurück.

Da sehe ich Iris. Sie sitzt am Ende eines Tisches. Ich

setze mich ihr gegenüber. Wir kaufen noch eine Punktekarte und mit der Punktekarte eine Halbliterflasche Weißwein. Die 900-Einwohnergemeinde Sent hat mit Iris eine Ärztin, und da es im Dorf keine Apotheke gibt, darf sie eine Apotheke in der Praxis haben. Iris behandelt auch Patienten aus Zürich, deren Hausärztin sie ist. Es sind oft Menschen, die in Sent eine Ferienwohnung haben. Hier haben sie Zeit, und Iris gibt ihnen mehr Zeit als ein Arzt in der Stadt. Iris kommt aus Norddeutschland, sie ist auch Anästhesistin. Als Notfallärztin ist sie in Helikoptern geflogen. Sie ist geschieden. Ihr Mann, erzählt sie, sei zwölf Jahre jünger gewesen als sie, ein Engadiner Skilehrer! Ich weiß schon, warum ich ihn geheiratet habe, sagt sie, ich habe mit ihm meine Pubertät nachgeholt. Sie lacht. Sie waren fünf Jahre verheiratet. Nach der Geburt ihres Sohnes Linard haben sie sich getrennt. Sie als Ärztin und er eher als Familienmann, der sich um das Kind kümmert: dieses Projekt wollte nicht gelingen. Iris ist in Sent geblieben. Linard ist jetzt neun.

Einmal hat mich Iris nachts in ihre Praxis mitgenommen. Es war an einem Samstag, nach einer Lesung in der Grotta da cultura. Wir waren noch kurz zusammengesessen. Ich hatte seltsame Bauchschmerzen, schon den ganzen Tag, schon den Tag davor. Ich sah wohl auch ein wenig komisch aus. Komm mit, hat Iris über den Holztisch hin gesagt, ich schau mir das gleich einmal an. Ich wollte nicht, aber ich konnte kaum mehr gehen. Ich habe mich auch ein bißchen geschämt. Ich habe nicht geduscht, sagte ich. Ich führe hier eine Landarztpraxis, hat sie geantwortet, bei mir kommen Patienten nach Unfällen auch schon mal direkt aus dem Stall. Sie hat sofort eine Blutuntersuchung gemacht, eine gynäkologische Untersuchung. Gebärmutterentzündung. Ich bin froh, sagte sie, daß du noch vor dem Wochenende gekommen bist.

Iris ist Hobbytaucherin; in den Maiferien fährt sie regelmäßig mit Linard, der Tauchen gelernt hat, nach Ägypten. Sie ist Gründungsmitglied eines Senter Lesekreises. In vierzehn Tagen fahren sie über ein langes Wochenende mit dem Zug nach Prag. Auf Kafkas Spuren. Und sie lesen einen Roman, der von dem Zug handelt, in dem sie fahren.

4. *März*

Rut Plouda zum Abendessen. Ich hole sie vom Postbus ab. Es schneit. Der Schnee fällt auf ihren Hut, ihren bunten Schal. Sie legt getrocknete Feigen und Aprikosen auf den Tisch. Der Gürtel um ihre Hüfte scheint mehr zu wiegen als sie selbst. Sie ist im katholischen Tarasp geboren, hat als Primarlehrerin in Ftan gearbeitet. Heute unterrichtet sie Kinder mit Lernschwierigkeiten. Wir sprechen über das Romanische, übers Romanischlernen. Sie war Manfreds Romanischlehrerin.

Sie erzählt: mit 17 Jahren kam ich nach Genf zu einem Studentenpaar. Die Frau war früh schwanger geworden, er war Chemiker, sie »mußten« wohl heiraten. Ich habe im Haushalt geholfen bei diesen Intellektuellen, ich, ein Mädchen aus dem Dorf. Es sei ihr erster Kontakt mit einer Welt der Bücher, der Musik gewesen. Einmal habe die Frau gesagt, es sei doch schade, daß sie eine Sprache spreche, die aussterbe. Da habe sie gewußt, daß sie zurück wollte und Lehrerin werden. (Zuvor habe sie sich das nicht zugetraut.) Sie hat einen neun Jahre älteren Mann geheiratet. Einen Förster. Er nahm auch die ganz kleinen Tiere ernst, sagt sie, vielleicht habe ich mich auch deshalb in ihn verliebt. Sie ist Mutter von zwei Töchtern. Und Großmutter von drei Enkeln. Ihren Sohn, ein Kind mit dem Downsyndrom, hat sie verloren, als er 19 Jahre alt war. Schon bevor wir nach Sent gezogen sind, habe ich das schmale Buch über ihr Leben mit ihrem Sohn gelesen, »Wie wenn nichts wäre / Sco scha nüglia nu füss«; 2001 war eine zweisprachige Ausgabe erschienen. Sie sagt, sie möchte vielleicht noch einmal etwas über ihre Kindheit schreiben.

Draußen schneit es.

Später zitiert sie ein Gedicht von Christine Lavant: »Während ich Betrübte schreibe/ funkelt in der Vollmondscheibe jenes Wort ...«

In der Nacht lese ich noch einmal in Ruts Buch:

»Die Kakteen auf dem Sims in der Küche reichen kaum bis zum Fensterrahmen. Ich gebe ihnen ein wenig Wasser und stelle mir die Wüste vor. Die Farbe des Sandes, die Felsen, den Geruch der Karawanen. Ich habe die Wüste gern. Aber ich kenne sie nicht. Ich gebe meinen Kakteen von Zeit zu Zeit Wasser, nehme mit dem Lumpen auf, was ich verschüttet habe, und sehe, daß draußen Winter ist.«

6. *März*

Luzern. Vor der Lesung mit Silvia in der Rosengart-Galerie. Unter Bildern vergeht die Zeit langsamer. An den Wänden gesammelte Zeit. Am Abend auf der Bühne beim Blick ins Publikum das plötzliche Empfinden, nichts mit der Situation zu tun zu haben. Ich bedanke mich für die Einladung nach Basel. Unruhe in der matten Dunkelheit des Saals. Ich erschrecke und korrigiere: Luzern. (Ich lese, mich schämend. Hinterher entschuldige ich mich bei der Veranstalterin, aber niemand scheint es mir übel zu nehmen. Ein Versprecher eben.)

7. *März*

Sent. Der Abstand. Schreiben ist ein paralleles Leben. Man ist dauernd in Gefahr, dem guten Alltag abhanden zu kommen. Oft habe ich Angst vor Menschen, weil mir die Sprache fehlt. (Ich schaffe den Sprung nicht vom Text ins Gespräch, in die andere Dichte.) Im romanischen Dorf ist die Situation radikaler als in Tübingen. Die Sprache fehlt, und ich soll in einer Fremdsprache sprechen. (Damit ist sie aber auch klarer. Natürlich fehlt die Sprache, weil ich zu viel von ihr will.) Wäre manchmal Schweigen Heimat? Ich muß lachen: oder doch das Handy?

8. März

Sonne, aber alles weiß. Der Himmel ist weiß, die Berge. Nur an den steilen Hängen, wo der Fels langsam in die Bäume übergeht, scheint dunkler ein Grau. Weiß die Dächer. Von weißem Grau der Kirchturm. Milchig das Licht.

Heute morgen eine Mail von Rut Plouda. Sie schlägt vor, daß wir uns ab und an schreiben, allerdings auf romanisch. (Heute morgen bin ich glücklich.)

9. März

Matthias ist zehn Jahre alt. Wir schenken ihm »Atlantis« von Lego und einen ferngesteuerten roten Ferrari. Sein Kindergeburtstagsfest feiern wir nach, wenn Manfreds Antrittsvorlesung in Basel vorbei ist. Heute lädt er Fabio zum Mittagessen ein (Nudeln, Käse, ausgelassener Speck, Tomaten). Nach der Mittagsschule kommen noch Gian Luca und Lino, sie bauen zusammen das Lego fertig, mit dem Fabio und Matthias über die Mittagspause angefangen haben.

Alle Berge sind verschwunden. Der Kirchturm steht vor grauer Bastelpappe. Gegen Osten leichte Sonne, vereinzelt tauchen dort Gipfel auf.

Am Abend gehen wir in die neue Pizzeria in Scuol. Aus der langen Karte bestellen Fabio und Matthias gleich die erste Pizza: Margherita. Dann noch Eis. Sie lachen und blödeln. Ich denke, schade, daß Matthias kein gleichaltriges Geschwisterkind hat. Silvia und Andreas waren immer zu zweit. Aber in Sent ist er den ganzen Tag mit anderen zusammen. Iris hat einmal ein afrikanisches Sprichwort zitiert: »Es braucht ein Dorf, um ein Kind großzuziehen.«

11. *März*

Manfred kommt mit dem Hund vom Tierarzt. Er mußte am Ohr operiert werden. Nun trägt er einen hohen Trichter-Kragen. Er will ihn abstreifen. Das Tier mit Kragen versteht nicht, was los ist. Es schafft es nur mit Mühe die Treppen hinauf. Es muß ihm so vorkommen, als werde es von den Stufen weggestoßen. Es kann sich nicht lecken, auf einmal besteht die Welt aus unsichtbaren Widerständen. Der Hund sieht nur die weißen Ränder, die sein Gesichtsfeld einfassen. Er ist sich unverstanden fremd.

Es schneit wieder. Auf dem Balkon liegt eine dünne Schneeschicht. Es schneit zaghaft, dann munter, dann gleichmäßig in ganz feinen Flocken. Kein Himmel, keine Berge, immerhin ein Hauch von Kirchturm.

Zwei Stunden später:
Der Schnee auf dem Balkon beginnt an der Hausseite zu schmelzen. Bergspitzen und Hänge zeigen sich wie in Schleiern. Das Weiß hat sich zu Wolken gelichtet, hinter denen es fast blau schimmert.

13. März

Gestern bei Leta, der Lehrerin. Ich habe das Liederbuch »Mamma, mamma, randulinas!« mitgebracht. Ich will wissen, welche Lieder im Dorf gesungen wurden. Sie sagt es mir. Dann bringt sie das Schulliederbuch »Chantain« (1982) für die 1. bis 4. Klasse, bei dem sie mitgearbeitet hat. Damals bat man Autoren, auf Melodien Texte zu schreiben, und Komponisten, romanische Gedichte zu vertonen. Es wurden auch alte Lieder aufgenommen.

Dann singt sie. Wir sitzen am Küchentisch und sie singt einmal quer durch das Buch.

Sprachen lernen: Bei meinem ersten Aufenthalt in Griechenland, noch während des Studiums, wohnte ich mit einer Freundin auf der ionischen Insel Zakynthos bei einer Hirtenfamilie. Wir hatten ein weißgetünchtes

Zimmer, an dessen Wänden Geckos hingen. Auf dem Hof gab es einen Gaskocher. Ich konnte kein Wort Griechisch. Aber einmal rief die Hausfrau ganz empört: To nero vrasi! Und ich habe sofort verstanden, wir sollten doch aufpassen: Das Wasser kocht!

In Sent war mein erster Satz, den ich verstanden habe, als Uorschla am Brunnen sagte: Il chan baiva l'aua. Der Hund trinkt Wasser. (Im Unterschied zur griechischen Hirtin sagte Uorschla den Satz, damit ich mit ihrer Sprache vertraut werde.)

15. März

Ich bügle die alte Chalandamarz-Bauernbluse, die Matthias getragen hat. Im heißen Wasserdampf des Eisens steigt der Geruch von Stall und Heu auf.

Ich bügle auch 21 große Leinenservietten mit der Prägung »Alpenrose Schuls«. Wir haben sie in der Brockenstube, dem Trödelladen am Eingang von Scuol, gefunden. Sie sollen als Tischdecken für Manfreds Apéro nach seiner Antrittsvorlesung dienen. Wir bringen Trockenfleisch und Wurst und Käse, Wurzelbrot und Nußtorte aus Sent mit. (Nein, wir fühlen uns nicht als Schweizer, als Neubündner vielleicht. Aber wenn wir morgen in Basel stehen, sind wir aus Sent.)

18. März

Es war ganz leicht, den Kindergeburtstag zu verlegen. Matthias ist am 9. März geboren. Heute ist der 18. Und eins plus acht macht ja auch neun. Er war sofort überzeugt. Elf Bergkinder sind zum Mittagessen gekommen. Manfred und Andreas sind noch in Basel; Silvia ist da, ich bin froh, daß sie hilft. Die Kinder fallen ein, sie werfen ihre Schulranzen auf einen Haufen, auf einen anderen legen sie die Geschenke, die sie mitgebracht haben. Sie holen ihre Hefte heraus, bilden einen Kreis am Boden und machen zusammen Mathematikhausaufgaben. Das geht schnell, sie beraten sich gegenseitig, sie schreiben auch voneinander ab. Danach erst kommen sie an den Tisch. Es gibt Hähnchen und Pommes frites. Sie essen mit den Fingern. Was, du ißt mit Messer und Gabel, sagt ein Junge zu einem andern, der offensichtlich kurzfristig meinte, er müsse das tun. Beliebt sind die Hähnchenschlegel, die lassen sich am besten abnagen. Ein Junge antwortet mir auf deutsch, ein anderer macht ihn sofort nach, die einzelnen Worte betont ziehend: biet-te ei-nen O-ran-gen-saft! Unter den Kindern gilt es als affig, deutsch zu sprechen. Dann spielen sie Verstecken. Ich kenne das vom letzten Jahr. Sie lieben die alte Luke, über die man von unserem Küchenßplatz hinunter in die Arvenstube steigen kann. Während ein Junge zählt, verschwinden die anderen über die Treppe oder tauchen in der Luke ab; sie krabbeln an den Balken des ausgebauten Dachstuhls hoch. Sie rennen zu Winkeln und Schränken, springen auf Simse an Fenstern, stehen hinter Vorhängen, liegen im Schrank. Es geht vorbei, denke ich mir und räume langsam den Tisch ab. Es ging auch letztes Jahr vorbei. Was sagen sie? fragt Silvia immer wieder. Da wird mir klar, daß ich die Kinder doch ganz gut verstehe. Silvia sagt: sie sind so gut gelaunt! Matthias fällt unter ihnen nicht auf. Auf einmal sehe ich draußen auf dem Balkon eine Kinderhand, die von unten nach oben greift. Dann noch eine Kinderhand. Es sind sicher vier Meter bis hinunter auf die Wiese. Ich gehe ganz vorsichtig hinaus. Ich darf das Kind jetzt nicht erschrecken. Vielleicht kann ich es noch hochziehen! Ich beuge mich über das Holzgeländer. Da strahlt mich Fadri, der am Balken hängt, an. Er ist aus dem Badezimmerfenster geklettert. Mit einem Klimmzug kommt er hoch und zieht sich über das Geländer. Ich habe eine Ewigkeit nicht geatmet. Mach das bitte nie wieder, sage ich. Er grinst. Und schon kommt Livio hinterher. Fadris Vater, der Förster, hat in Sur En, einer Fraktion von Sent unten am Fluß, einen Seilpark installiert, dort hangelt Fadri in einer Höhe von zwölf Metern, seine Mutter war Skirennläuferin. Livios Vater ist Bauer und Skilehrer. Offensichtlich sind diese Kinder körperlich anders sozialisiert. Du mußt keine Angst haben, wir machen das schon, sagt Livio jetzt mit einem engelsgleichen Lächeln und sehr langsam in gut verständlichem, therapeutischem Deutsch.

Sie essen auch Torte und machen mit bei kleinen animierten Spielen und bei der vorbereiteten Schatzsuche durchs Dorf. Aber Verstecken im alten Haus spielen sie am liebsten. Nur sie alleine, ohne Erwachsene.

Am Abend geben sie mir alle einzeln die Hand und sagen: danke, Angelica.

20. *März*

Zurück von einem Schreibworkshop in Schömberg, Schwarzwald. 14 Frauen zwischen Mitte 60 (eine Hauptkommissarin in Rente) und Anfang 20 (Musikstudentin, Cello) sind gekommen. Ich habe Silvia gebeten, mich zu begleiten. Freundliche Runde in einem Ambiente von Jägersoße und Teppichboden. Wir lesen Musils Fliegenpapier, den kleinen Text über Fliegen, die auf einem mit Leim eingestrichenen Papier langsam sterben. Es geht um Insekten, aber die Vergleiche unterlaufen die konkrete Beschreibung der Tiere hin auf das, was menschlich ist. Ich habe diesen rund 100 Jahre alten Text in verschiedenen Schreibgruppen gelesen. Er ist immer noch frisch.

Eine Frau erzählt mir, sie sei mit ihren Kindern gerne auf den Friedhof gegangen. Da habe es einen schönen alten Baumbestand gegeben, mitten in der Stadt. Und dann habe sie die Kinder einfach ausrechnen lassen, wie lange ein Mensch gelebt hat. Grabsteine als Mathematikaufgaben.

In Karlsruhe steigt Silvia in den Zug nach Hannover, ich in den Zug Richtung Basel. (Ich warte jedes Mal darauf, wann sie mich auf den Zug bringt und nicht mehr ich sie. Dann bin ich alt.)

Basel, Zürich. Fahrt durch die Nacht nach Landquart. Jugendliche in Sportkleidung. Ein Mädchen im Skianorak mir gegenüber liest in Noten, steigt in Schiers aus. Da ist ein Musikgymnasium, glaube ich. Umsteigen in Klosters.

Manfred holt mich am Bahnhof in Scuol ab. Fast laue Nacht. Auf Champatsch habe es geschneit, sagt er, auf Motta Naluns geregnet. Man kann noch ins Dorf abfahren.

Sonntag, 21. März

Flurin, der Sohn des Tierarztes, hat uns eine Einladung zum Apéro geschickt. Heute ist der Tag seiner Konfirmation. Im hohen Heuwagenflur sitzt die ganze Nachbarschaft zusammen. Kinderbilder von Flurin werden herumgereicht. Jetzt ist er groß. Er gehört zu den Erwachsenen. Am Abend gibt es sicher ein Familienfest, aber es ist wichtig, die Konfirmation mit der Nachbarschaft zu feiern.

Später frage ich Matthias, ob er auch konfirmiert werden möchte, dazu müßte er aber vorher getauft werden. Ich sage, ich wollte nur fragen, seine beiden großen Geschwister hätten wir auch gefragt. Er schaut mich verständnislos an. Ich sage: wenn alle zur Konfirmation gehen und ein Fest haben, dann willst du das vielleicht auch. Aber ein Fest könnten wir auch so machen. Er liest weiter in seinem Comic. Das Thema scheint ihn nicht zu interessieren. Auf einmal schaut er auf und sagt: ich will Senter werden. Muß ich dazu getauft sein?

In Sent, dem reformierten Dorf, gehen alle Kinder in denselben Religionsunterricht, die ungetauften und die getauften, die reformierten, die katholischen, auch die beiden muslimischen Kinder aus Kosovo. Wenn Matthias nach Gott fragt, sage ich immer: natürlich gibt es Gott. Aber wenn Gott Gott ist, wird der Mensch ihn kaum begreifen können. Wie es verschiedene Sprachen gibt, gibt es verschiedene Vorstellungen von Gott. Matthias war mit dieser Antwort, die ich in Varianten gebe, bislang zufrieden. Ich glaube, es gefällt ihm, daß sein Name »Gottes Geschenk« heißt. Geschenke findet er gut.

Im Garten die unverwüstlichen blau-violett-gelben wilden Hornveilchen. Es sind die letzten Blumen und die ersten. Wenn die Schneedecke weg ist, blühen sie schon. Der schmelzende Schnee scheint sie zu malen. Es gibt auch Schneeglöckchen. Es taut. Über die Dächer laufen Rinnsale von Schmelzwasser, das manchmal nicht auf den Boden tropft, weil es auf dem Weg über die Dachschräge schon verdunstet. Die Sonne ist sehr stark. Aber ich hoffe noch einmal auf Schnee.

22. März

Heute Morgen fünf Grad plus. Die Straßenreinigungsmaschinen fahren durchs Dorf. Der Splitt soll vor Ostern weg sein. Der Pistenbericht gibt 1 Grad minus für die Skistation Motta Naluns an. Das ist zu warm.

Der Schnee schmilzt von den Dächern. Auf dem Dorfplatz sitzen der Mann vom Volg-Laden und der Mann vom Sportgeschäft in der Sonne. Vereinzelte Skifahrer in Montur sind unterwegs. Ich will noch nicht, daß der Frühling kommt. Ich habe Angst vor seiner Geschwindigkeit. Schnee ist die ruhigste Jahreszeit. Ich will sie noch eine Weile, diese besänftigende Decke, den verläßlichen flachen Glanz, die blaue Tiefe Blau über dem weißen Weiß.

23. März

Klavierspielen bei Ida. Sie erzählt: Ein Hirsch ist im Garten gewesen. Er hat vom Hagebuttenstrauch gefressen. – Wo? frage ich. – Gleich da, sagt sie, am Fenster. Wir haben uns in die Augen gesehen, sagt sie, minutenlang. – Das glaube ich nicht, sage ich, so nah! Doch, sagt sie. – Es war ein verzauberter Prinz, sage ich. Vielleicht, sagt sie. Dann sagt sie: Jetzt ist er tot. – Wieso soll er tot sein? frage ich, wie kannst du das wissen? – Er ist bei Not über den Zaun gesprungen, beim Parkin. Er ist hängen geblieben.

Heute nimmt mich Not im Auto von Scuol mit hinauf nach Sent. Ich frage nach dem Hirsch. Schlimme Geschichte, sagt er. Wir fahren am Parkin, seinem steil abfallenden Garten mit seinen Skulpturen am Eingang von Sent, vorbei. Siehst du das Blut, sagt er, und fährt langsamer. Alle Därme hingen heraus, sagt er. Jetzt werde er ausgestopft. Sein Galerist Sperone wolle ihn haben.

Ich frage mich (nicht ihn), warum der Hirsch, der Ida in einer Schneenacht minutenlang in die Augen sieht, dann ausgerechnet bei Not über den Holzzaun des Parkins springen muß, mit seinen spitzen Latten.

Am Abend gehe ich zu Ida. Sie sagt, das seien eben die Hirsche, die Männer. Sie müßten ihr Revier verteidigen, dabei würden sie das Fressen vergessen, sie würden dann schwach. Er hat den Sprung nicht mehr geschafft, aus Schwäche.

24. März

Sonne, Frühling. Uorschla trägt eine blaue Schürze. Ich frage sie, wann man mit dem Garten anfangen kann. Sie sagt, ich solle bis nach Ostern warten. Es komme noch Schnee.

Die Kinder haben die Fahrräder aus dem Keller geholt. Sie laufen in Gruppen durch die Straßen, spielen Diabolo. Draußen ist es jetzt wärmer als in den Häusern.

Gestern ein Auftrag von einem Magazin: mit einer

Photographin soll ich vier, fünf Tage den Donauradweg von Passau bis Wien fahren. Es gibt Lieblingsaufträge. Mein schönster Auftrag war einmal für das Schweizer Magazin »du«. Der Redakteur gab mir einen Scheck und sagte: Fahren Sie für 14 Tage nach Benin und bringen Sie eine gute Geschichte mit.

Vor unserem Umzug nach Sent bin ich die Strecke Tübingen – Sent mit dem Fahrrad gefahren: auf die Schwäbische Alb, hinunter an den Bodensee, das Rheintal entlang, dann durchs Prättigau, über den Wolfgang-Paß nach Davos, auf den Flüela-Paß; hinunter ins Unterengadin, hinunter nach Scuol und hinauf nach Sent. Ich wollte den Weg aus eigener Kraft zurücklegen. Es hatte etwas von Abwehrzauber. Die Senter, erfuhr ich später, machen etwas Ähnliches. Alle zwei Jahre wandert das Dorf in Gruppen von mindestens drei Erwachsenen (Kinder dürfen nicht mitkommen) das weitläufige Gemeindegebiet ab. Die Durchquerung, die Traversada von knapp 36 km, beginnt bei der Heidelberger Hütte kurz vor Österreich und endet bei der Sesvenna-Hütte an der Grenze zu Italien.

Donnerstag, 25. März

Leichter Nebel über dem Piz Pisoc. Der Wetterbericht hat Schnee angesagt. Seltsam, wie ein weißer Himmel die Zeit zu verzögern scheint. Manfred ist mit dem Bus unterwegs zum Bahnhof, wie jeden Donnerstag fährt er nach Basel. Morgens vier Stunden hin, am Abend vier Stunden zurück. Dazwischen zwei Seminare und eine Sprechstunde. Er muß aber nur in Landquart umsteigen. Im Zug kann er den Unterricht vorbereiten, lesen. Ich glaube, in einem Bahnabteil ist es für ihn ruhiger als bei uns. Nur der Schaffner hat das Recht, ihn anzusprechen.

(Aber, denke ich manchmal, wenn Manfred und ich nicht so verschieden wären, wären wir nicht über 30 Jahre lang zusammengeblieben. Ich habe mich mit ihm nie gelangweilt. Wenn ich ihm das sage, seufzt er tief und sagt: Ich mich mit dir auch nicht.)

Matthias hat erhöhte Temperatur, Kopfschmerzen. Ich habe den Lehrer angerufen. Die Hälfte meiner zwei Sätze habe ich auf romanisch hinbekommen. Er hat auf romanisch geantwortet. Glückssekunden. So begann der Tag mit einem Erfolg. Die Schulglocke ruft die Kinder.

27. März, abends

Gestern zu Leta Semadeni. Als ich um 16.34 Uhr in Scuol in den Zug stieg, regnete es. In Lavin schneite es. Dann saßen wir vor ihrer großen Glasfront und sahen durch die Scheibe in die Flocken. Es war, als ob das Sprechen über Gedichte den Schnee provozierte. Und im Schnee kamen Letas Tiere: der Fuchs, der Siebenschläfer, die Kuh und Kasimir, der Liebeskummer hat.

Beim Heimweg kommt der Zug mit Verspätung. Auf der Straße hoch nach Sent sind zwei Autos liegen geblieben. So viel Schnee.

Heute morgen ein Himmel von hellstem, stärkstem Blau. Sonne. Wir entscheiden uns spontan, Ski fahren zu gehen. In einer halben Stunde sind wir auf der Piste.

Hinter dem Taslaina-Hof ist die Abfahrt hinunter nach Sent nicht mehr gespurt. Hoher Schnee. Er ist weich, aber nicht schwer.

Wir können Ende März noch mit Skiern nach Hause abfahren.

29. März

Romanischunterricht mit Nesa. Wir sprechen über die verschiedenen Mineralwasserquellen. Ruedi ist Spezialist, er füllt sich regelmäßig seine Bügelverschluß-Glasflaschen ab mit Bonifacius-, Carola-, Lucius-, Sfondraz-, Sotsass-, Lischanawasser. Christian aus Brail lacht, da müsse man schon vom Unterengadin sein, im Oberengadin sei das kein Thema. »Unterengadiner Fenster«, sagt Nesa, eine geologische Besonderheit. Zwischen Guarda im Unterengadin und Prutz im Tirol ist die Erosion in den letzten anderthalb Millionen Jahren so weit fortgeschritten, daß der Bündnerschiefer, der von kristallinen und dolomitischen Gesteinsdecken überlagert war, herausgekommen ist. Im Bereich Ftan-Scuol-Tarasp-Sent entspringen, je nachdem, wie lange das Wasser welches Gestein durchflossen hat, 20 verschieden angereicherte Mineralquellen. Sie enthalten Calcium, Magnesium, Natrium, Kalium, Eisen, Clorid, Sulfat und natürliche Kohlensäure. Ich gieße Christian aus der Karaffe nach. Und gebe schrecklich an: Wenn wir in Sent den Wasserhahn aufdrehen, bekommen wir Wasser aus dem Uina-Tal, auf der anderen Seite des Inns. Die Quelle liege etwas höher als Sent, so daß das Wasser über eine Wasserleitung hinunterfallen kann und durch den Druck direkt zu uns hinaufkommt.

Das Wetter kann sich nicht recht entscheiden. Wenn die Sonne durch die Wolken bricht, ist es sofort T-Shirt-warm; wenn sie hinter Wolken verschwindet, ist es augenblicklich kalt. Der schnelle Licht- und Wetterwechsel in den Bergen. Immer noch Schnee auf dem Rezia-Dach. Er rutscht dick, schmilzt. Wie Teig ändert er täglich ein wenig seine Form, wie ein schlafendes Tier. Ein Wintertier mit Schneepelz.

1. April

Der Schnee vom Reziadach ist zu zwei Stücken zerschmolzen: eines ist zur Regenrinne abgerutscht, es scheint Flügel auszuspreizen wie ein vornübergekippter

Schwan, ein anderes, etwas höher hinter dem kleinen Kamin, ist nur noch Fleck, Schneeinsel auf dem feuchten, eingedunkelten Kupferdach. Spuren von Rinnsalen über der Schräge.

Doch auf einmal beginnt es zu schneien. Der Himmel wird weiß; schon sind die Berge verschwunden.

Doris kommt heute. Wir haben uns seit 30 Jahren nicht gesehen. Sie hat Bücher von mir gelesen, mich im Internet gesucht. Wir haben zwei, drei Semester im selben Studentenwohnheim gewohnt und waren eine kurze Zeit eng befreundet. Mittlerweile ist sie Professorin in Rhode Island und Direktorin der Sommerakademie des Middlebury College in Vermont. Sie schrieb eine Mail, wir telephonierten. Sie lud Manfred und mich ein, an der Sommerakademie in Middlebury zu unterrichten. Jetzt werden wir also zum ersten Mal nach Amerika fahren. Manfred soll zwei Seminare übernehmen; er schlägt ein Kleistseminar vor und eines über Liebeslyrik. Ich werde ein Schreibseminar geben. Seltsame Lebenslinien.

Nachts starker Vollmond. Ein Sog. Eine Unruhe. Ich stehe auf und sehe den riesigen, weißen Mond an. Das Atmen des Hundes. Der Hund ist nachts oft laut, aber ich schlafe lieber mit ihm als allein. Der Hund träumt; er scharrt mit den Pfoten.

Manfred kommt mit dem Hund zurück und erzählt eine Familienidylle auf dem Weg zum Skibus: Eine halbwüchsige Tochter, demonstrativ schlecht gelaunt, eine Mutter, die ruft: mit 14 Jahren kannst du deine Ski doch selber tragen. Ein Vater, der vorausgelaufen ist und nun zurückkommt und der Tochter die Skier abnimmt. Eine Mutter, die keift: Dann trägst du wenigstens die Stöcke.

Es schneit, es ist wattig. Heute möchte man wirklich nicht Ski laufen. Vermutlich müssen die Skipässe abgefahren werden. Damit sich die Ausgabe gelohnt hat.

2. *April*

Nach leichtem Schneefall am Morgen, gegen Mittag und Nachmittag zunehmend mehr Schnee. Gestreiftes Schneelicht. Als Doris und ihre Schwester Manu gegen 15 Uhr ankommen, liegen fast 30 cm Neuschnee und es schneit weiter. Kein Berg zu sehen, nur Schnee. Wir umarmen uns im Schneetreiben.

Doris und ich sind uns sofort vertraut, als hätten wir uns drei Tage nicht gesehen und nicht 30 Jahre. Ich sage: du und ich, wir haben uns nicht gestritten, wir haben uns verloren. Wie ging es auseinander? Sie sagt: nein, wir haben uns nicht gestritten, aber die Männer, mit den Männern ging es dann auseinander. Manu sagt: hattet ihr dieselben? Wir lachen. Nein, das war es auch nicht. Einmal erzähle ich dir, wie es war, sagt Doris. Ich habe das Gefühl, sie weiß mehr über mein Leben als ich.

Heute morgen dann blauer Himmel, alle Berge sind

da. Einwandfrei. (Und ich bin so stolz, daß ich Doris meine Berge zeigen kann.) Doris schaut hinaus. Sie ist still. Dann sagt sie: seht ihr das noch?

(Ja, wir sehen es noch, wir sehen es so neu, wie es täglich neu ist. Weil die Berge ihr Gesicht ändern. Weil sie immer anders da sind. Diese alten Steine.)

Fürs Frühstück stelle ich keinen Speck, keine Wurst auf den Tisch. Manfred findet das übertrieben. Doris sagt: ich bin nicht religiös. Ich sage, ich tue es nicht aus religiösen Gründen. Es ist eher ein Ritual. Matthias will ein Salamibrot. Ich sage: Am Karfreitag mache ich kein Salamibrot. Mach es dir selber. Er nimmt die Salami und säbelt. Tatsächlich schneidet er sich in den Finger. Ich klebe ihm ein Pflaster auf den Daumen. Er nimmt das Salamibrot und geht in sein Zimmer. Dann sehe ich, wie er wieder hochkommt und dem Hund die Salami in den Freßnapf gibt. Er sagt: die Salami schmeckt nicht. Später denke ich, es ist eine Art von Höflichkeit. Anerkennung eines christlichen Feiertags, in einem christlichen Kulturraum. (Am Nachmittag sehen wir, daß in Scuol die Geschäfte offen sind.)

Hundegang mit Doris und Manu. Manu sagt: hier ist ein Hirsch gelaufen oder ein Reh. Sie zeigt mir den Abdruck von Paarhufen im Schnee, die frisch aufgewühlte Erde an der Wiesenschräge neben dem Weg. Sie lebt im Schwarzwald, ihre Eltern hatten Landwirtschaft. Sie hat mit 47 Jahren den Motorradführerschein gemacht. Sie sagt: Mein Sohn kam aus dem Internat, und ich dachte, ich müsse etwas für mich haben, damit ich ihn nicht dauernd bemuttere. Der Sohn macht jetzt eine Lehre als Schreiner, wenn er am Wochenende kommt, steigt sie aufs Motorrad. (Sie sagt, sie habe überlegt, Klavier zu lernen. Ich zeige ihr meine Noten.)

Am Abend: Auf dem Reziadach liegt wieder eine dicke, weiche Decke. Drei Viertel des Daches sind bedeckt. Der Schwan ist im Schnee untergegangen.

Wir winken dem blauen Passat von Doris und Manu nach, und dann beschließen wir, auf die Piste zu gehen. Blauer Himmel, Sonne, Neuschnee, kein Wind, perfekte Schneekonsistenz, warm. Dieses wahnsinnige Licht. Die Snowboarder ziehen über die weiten, freien Hänge. Alle scheinen besoffen von Licht und Glanz und Blau. Um 14 Uhr Abfahrt nach Sent. Die Pisten sind noch gut, die Wege durch den Wald auch, erst als wir schon fast auf der Höhe des Dorfes sind, wird es ein wenig sulzig. Ist es heute das letzte Mal? Schaffen sie es, die Abfahrt über Ostern zu halten? Die Schlußwege sind mit Kunstschnee geflickt. Im Dorf plätschert das Schmelzwasser von den Dächern. Es riecht nach Frühling. Heiterer Karfreitag.

(Ich frage Manfred: Kannst du verstehen, daß ich einmal sehr gut mit ihr befreundet war? Daß wir uns sehr nah waren? – Ja, sagt er. – Du siehst, frage ich, daß sie eine Schönheit war? – Er lächelt.)

6. April

Heute morgen blauer, metallflacher Himmel. Kinoplakat-Azur. Wir sollten arbeiten und haben dann doch ganz einfach die Skier genommen. Der Bus 9.42 Uhr fährt direkt zur Gondel. 10.15 Uhr sind wir oben auf der Piste am Sessellift. Hinüber nach Mot da Ri, dann zum Champatsch, alle drei Pisten gefahren, wieder hinunter zum Lift, der nach Salaniva hinaufgeht. Von dort die 13-km-Abfahrt nach Sent. Um 11.45 Uhr waren wir zu Hause, kurz vor Matthias und Fabio, die gerade aus der Schule kamen. Und haben ganz schnell Nudeln gekocht.

7. April

»Bauern und Bären. Eine Geschichte des Unterengadins von 1650–1800« von Jon Mathieu ist vergriffen. Übers Netz bekomme ich noch ein antiquarisches Exemplar.
Ich habe das Wort Schneeleiden gefunden.

Die Senter Dächer nun praktisch schneefrei. Hinter dem Kamin vom Reziadach noch ein unauffälliger Fleck, wie vergessen.

Die Sterne heute nacht. Ich weiß nichts von ihnen.

8. April

Mit dem Hund hinaus. Neues, grünes Gras unter dem winterbraunen. In manchen Ecken auf dem Boden noch Schnee, auch bei uns im Garten auf der Fläche des ehemaligen Stalls, zwischen den Häusern. Sonne, ganz heller, leicht blauer Himmel. Die Vögel sind aufgeregt.

Manfred ist nach Basel gefahren.

Am Morgen findet er seine Scheckkartentasche mit dem Halbtaxabonnement für die Bahn nicht. Das macht ihn nervös. Als er schon weg ist, sehe ich das Etui unter einem Papier am Boden neben seinem Schreibtisch liegen. Ich suche die Nummer der Bahnstation in Scuol. Eine Frauenstimme sagt, ja, der Mann, der nach Basel wollte. Der Zug stehe noch da; sie gehe ihn gleich suchen und werde ihm sagen, daß die Sachen da sind. Als ich später mit Andreas spreche, sage ich: das ist doch wunderbar! Sie ist Papa einfach suchen gegangen, im Zug, nur um ihm zu sagen, daß er nicht beunruhigt sein soll. Mein Sohn antwortet: Mama, ihr habt immer noch kein Handy!

9. April

Die Saison geht zu Ende. Bus um 8.42 Uhr; eine knappe Stunde später oben auf Champatsch. Dieser Schlepplift ist einer der letzten, die wir noch aus unseren ersten Skiferien in Scuol kennen. Über den Sommer wird ein neuer Lift von Ftan hinauf nach Prui gebaut. Er ist schneller. Ambivalente Gefühle. Ich höre auch nicht gerne, daß das mit Ausbruch des Ersten Weltkriegs gestoppte Projekt einer Bahnverbindung von Scuol ins österreichische Landeck wieder aufgenommen werden soll. Ich möchte sehr gerne am Ende der Bahnstrecke wohnen.

Die Pisten sind präpariert. Die kleinen Rillen, die die Schneekatzen hinterlassen, sind gefroren. Wenn man fährt, ist es sehr laut. Ein Knirschen, ein Rattern, fast ein Dröhnen, als verabschiede sich der Berg laut von den Skitouristen, es sind die letzten Stunden der Saison, dann der Ton von schwerem Gefieder, und noch tiefer, wenn der Schnee weicher wird, so, als ob ein Luftzug durch ein Zimmer ginge und große Bahnen von Seide aufbauschen.

Der Ausstiegsposten des Sesselliftes Salaniva steht schon auf Senter Gebiet. Gegen 11.15 Uhr fahren wir ab. Der Schnee hier oben ist immer noch locker. Nach einem etwas steilen Einstieg fährt man auf einer Hochebene und scheint nun an der gegenüberliegenden Bergkette mühelos vorbeizuziehen. Wie von gleich zu gleich, ein freundlicher Rausch. Nach breiten fallenden Hängen liegt links der Taslaina-Hof. Die Sonne läßt seine Holzwände glühen. Wir fahren vorbei an der Sömmi-Bar, einer bewirteten Hütte. Nun beginnen die Wege und Pisten durch den Wald. Als wir die weißen Wiesen von Sent erreichen, ist es sehr warm. Es riecht nach Erde.

Auf dem Dorfplatz sitzen junge Touristinnen in ärmellosen T-Shirts. Sie haben ihre Köpfe in den Nacken gelegt, die Augen geschlossen. Nur im Schatten der dicken Häuser noch letzte Schneehügel. Hinter einem Stall liegen Schafe in der Sonne.

Abends. Seit Wochen haben die Schüler der 3. und 4. Klasse für das Singspiel »Traideschin« geübt. Der Engadiner Komponist und Musikpädagoge Peter Appenzeller hat das romanische Märchen vom Jungen, der »Dreizehn« genannt wird, weil den Eltern für ihr dreizehntes Kind kein Name mehr einfällt, vertont. Der kleine, mutige Traideschin wird viele Abenteuer bestehen und am Ende die Königstochter heiraten. »Traideschin« ist Teil eines Projekts mehrerer Musikschulen und Schulen. Nina, unsere Chorleiterin, kam als Gesangslehrerin der Musikschule Scuol regelmäßig in die Klasse nach Sent, wo sie den Lehrer im Musikunterricht unterstützte. Jetzt stehen die Kinder auf der Bühne. Sie singen romanisch, zum Teil doppelchörig. Die Turnhalle ist voll. Es gibt (mit wechselnden Klassen) drei Aufführungen im Unterengadin (in Ramosch, Scuol, Zernez). Von den rund 90 Schulkindern in Sent besuchen 50 Kinder Kurse an der Musikschule.

Samstag, 10. April

Das letztemal auf der Piste. Kristalline Muster von Spuren der Skier oder Snowboards. Kleine gefrorene Formationen von Geschmolzenem. Gläserne Strukturen. Leichter Wind, ziehende Schleier zwischen den Gipfeln. Es ist ein wenig diesig, aber transparent. Wir fahren alle Lieblingspisten noch einmal, und die anderen auch. Die Sentabfahrt ist geschlossen. Wir nehmen die Gondel hinunter nach Scuol. Siebeneinhalb Minuten. Pro Stunde, sagt ein Schild, können 2800 Personen befördert werden. Heute in der Früh waren wir fast allein. Aber als wir jetzt zum Bus gehen, kommen immer noch Skifahrer. Auf Champatsch und den nördlichen Hängen kann man sicher noch bis zum späten Nachmittag fahren. Die letzten Anlagen schließen um 16.30 Uhr. Am Sonntag gehört das Skigebiet allein den Bediensteten. Sie fahren Slalom, essen gemeinsam zu Mittag. Mitte Dezember wird die nächste Wintersaison beginnen.

11. April

Die ersten Töpfe mit Blumen stehen vor den Türen, die Gartenarbeiten beginnen. Es ist warm. Uorschla hat meine Kästen mit Engadiner Hängenelken aus ihrem Keller ins Licht an die Glasscheibe bei ihren Hasenställen gebracht. Sie durften bei ihr überwintern; im Unterschied zu meinem Keller hat ihr Keller ein Fenster. Ich soll sie aber noch eine Weile bei den Hasen stehen lassen. Es schneit nicht mehr, sage ich, der Frühling ist da!

Aber sicher schneit es noch, sagt sie.

12. *April*

7.30 Uhr, alles ist weiß! Das Reziadach, die Wiese, die Straße. Gegen 10 Uhr ist der Schnee wieder ganz verschwunden. Der Winter geht, indem er immer wieder zurückkommt.

Eine Freundin und ihre drei Kinder sind abgefahren, aber Livio hat hier übernachtet. Ich denke an unsere Wohnung in Tübingen, den Stiefelhof, mitten in der Altstadt, die urkundlich ältesterwähnte Adresse der Stadt. Wir kochten immer große Portionen. Und da viele der Freunde unserer Kinder auf dem Land wohnten und die Busverbindungen nachts schlecht waren, schliefen bei uns oft Kinder, Jugendliche. Ich wußte nie so genau, wer mir morgens im Bad begegnete, wer zum Kaffee blieb oder wen ich nicht sah, obwohl er da gewesen war. Im Unterschied zu unserem Bauernhaus in Sent war die Wohnung im Tübinger Stiefelhof klein. Und doch gab es immer Schlafplätze. Wohnungen, Häuser können sich dehnen, wenn man gerne in ihnen wohnt.

Tübinger Freunde haben uns das neue Tübingen-Monopoly mitgebracht. Der Stiefelhof kommt auf dem Spielplan auch vor; es ist die billigste Straße.

Was ich vermisse? Den Tübinger Wochenmarkt. Manchmal. Das Tübinger Schwimmbad. Öfter. Ein Tübinger Freibadsommer begann im Mai und ging bis in den September. Ich bin in diesen Monaten 50 Kilometer geschwommen und mehr. Das Freibad in Scuol ist nur für wenige Wochen geöffnet und die Bahnen sind kurz. Ich war noch nicht dort. Aber Matthias findet es gut.

Heute am Telephon drei Sätze romanisch gesprochen, auch letzten Donnerstag nach dem Chor. Ganz, ganz langsam geht es. Es geht so langsam wie das Klavierlernen. Vielleicht noch langsamer. Ich kann nur sprechen, wenn ich mir meine Sprache glaube. (Das ist bei einem Präludium von Bach leichter.) Ich kann sagen: Hoz esa fraid. Hoz esa sulagliv. Fraid e sulagliv. Ich kann schreiben: Ingio est tü? Ich kann denken: Uschea cumainza mia lingua sulvadia. Heute ist es kalt. Heute ist es sonnig. Kalt und sonnig. Ich kann schreiben: Wo bist du? Ich kann denken: So beginnt meine wilde Sprache.

13. April

Fraid e sulagliv. Die Wiesen sind schneefrei. Der Hund wälzt sich im Gras, einem Gemisch aus alten, vom Schnee zerdrückten Winterhalmen und neuem Grün. Im Friedhof wurden kleine Blumen gesetzt. Primeln und Stiefmütterchen, die hier Violas heißen. Die Bäume unten an der nördlichen Friedhofsmauer sind noch ohne Grün. In einer der tiefen Astgabeln sitzt eine schwarze Katze mit gelben Augen. Auf einer höheren Astgabel sitzt eine schwarze Bergdohle mit gelbem Schnabel. Die Katze funkelt. Die Bergdohle krächzt.

Konzert der Musikschulkinder in Sent. Matthias spielt den rosaroten Panther und begleitet Seraina, Querflöte, bei einem Cowboylied. Auf dem Weg zur Sporthalle geht Uorschla neben mir. Ich habe einen Topf Margeriten gekauft, sage ich, aber die Margeriten lassen die Köpfe hängen, obwohl ich sie gegossen habe. Uorschla sagt, es ist zu früh für Blumen. (Sie hat aber selbst schon welche draußen, Primeln und diese Veilchen eben.) Es ist eine Ungeduld im Dorf nach Blumen.

Am Abend Klavierspielen mit Ida. Stromausfall. Ida reißt das Fenster auf und sagt: schau, das ganze Dorf hat keinen Strom. Wie schön das aussieht. Eine Schneenacht. Das nächtliche Grau unter den Schneebergen ist bunt. Ida kramt eine Taschenlampe aus ihrem Rucksack. (Wenn sie in der Kirche abends oder nachts Orgel übt, kann es sein, daß Kirchenbesucher das Licht ausmachen, dann braucht sie die Taschenlampe, um die steile Treppe herunterzukommen.) Sie holt zwei Kerzen: Meine Mutter hat immer gesagt, im Engadin muß man eine Kerze im Haus haben, wegen der Stromausfälle. Wir gehen in die Küche. Ida zeigt auf den alten Holzofen hinter der Tür. Die Mutter habe auch darauf bestanden, daß der Ofen bleibt. Es könne einmal ein längerer Stromausfall sein, im Winter, und dann werde es kalt.

Sie hat recht, wir haben oft einen Stromausfall. Diesmal kommt das Licht bald zurück.

Ich spiele Ida ein kleines, einfaches Bachmenuett vor. Ich spüre, daß sie gerührt ist. Ich bin nicht gerührt, ich bin sauer, weil ich es immer noch nicht kann. Das Telephon klingelt. Ida sprudelt Romanisch, geht in den Gang und spricht weiter. Ich übe das Menuett. Anflüge von Idas Sätzen mischen sich mit Bach. Fraglose Minuten.

Als ich die Noten zusammenpacke, beendet sie das Telephonat. Ein Cousin in Italien stehe vor einer Krebsoperation, sie habe ans Telephon gehen müssen. Ich nicke, hole meinen Anorak. Ich mache Fortschritte im Mikrobereich, sage ich. Du machst Fortschritte, sagt sie, vor einem Jahr hättest du das noch nicht gespielt.

Die Senter Nacht hat wieder Strom, aber sie ist immer noch dunkel. Erst merke ich es nicht. Dann spüre ich Schneeflocken im kalten Wind. Und dann geht es sehr schnell. Schneetreiben, dichtes Schneetreiben. Ich laufe. Es schneit wie mitten im Winter, ich drücke die Noten gegen den Anorak und laufe. Zu Hause schiebe ich Matthias' Fahrrad hinein und hole den Wäscheständer von der kleinen Wiese hinterm Haus. Die Kleider sind voll dicker, weißer Fetzen. Gerupfter Winter.

14. April

Fila lernt Fahrradfahren. Seraina hat eine Leine mit Karabiner an der Lenkstange festgebunden und zieht ihn zur Schule hoch. Wenn es nicht steil ist, kann er es schon. Uorschla und ich laufen hinterher. Alle sind stolz auf Fila. (Aber Ski fahren kann er schon lange.)

Heute morgen alles weiß, jetzt nur noch Nässe. Das Reziadach ist schon wieder trocken.
    Furchtbare Klavierstunde. Ich bin schlecht. Oscar spielt ein paar Takte Chopin, irre hingehauchte Läufe. Ich starre auf die Noten wie in den tiefstmöglichen Abgrund.

17. April

Heute eine Wende.
    Leta, die Lehrerin, zeigt mir ein dickes, leeres Heft. Ich verstehe nur so viel: die Vereinigung der Romanischen Schriftsteller (Uniun litteratura rumantscha) feiert das 30 jährige Bestehen ihrer Zeitschrift »Litteratura« mit einer Art Null-Nummer, einer Ausgabe, in der noch nichts steht. Jeder, der möchte, kann in sein Exemplar hineinschreiben, -malen, -kleben. Mitte August soll man die Hefte an das Sekretariat zurückschicken. Bei den jährlichen Tagen der Romanischen Literatur in Domat/Ems wird es eine kleine Ausstellung der Ein-

sendungen geben. Ich nehme das leere, fadengebundene
Heft in die Hand. Ich möchte mitmachen.

Ich habe angefangen, Gedichte auf vallader zu schreiben. Es geht seltsam leicht. Gedichte schreiben ist ein
Sprechen mit der Sprache. Sie antwortet.

Auch beim Klavier so etwas wie ein Durchbruch, obwohl (oder weil?) die letzte Stunde eine Katastrophe
war. Oscar hat darauf bestanden, daß ich ein Bach-Menuett auswendig lerne. Und es geht. Natürlich spielt
man auswendig anders.

Am Nachmittag in Chur. Mit dem Auto sind es anderthalb Stunden. Kirschblütenschock. Alles ist grün, die
Bäume blühen! Und wir kommen aus dem Schnee.

Das Fußballtraining hat begonnen. Es war bis zuletzt
unsicher, ob der Platz schneefrei sein würde. Die Kinder sind eingeteilt in zwei Gruppen zu vier Trainern.
Manfred trainiert die Kleinen (Jahrgänge 2002 bis 2004).
Insgesamt haben sich 50 Kinder angemeldet; davon ein
gutes Fünftel Mädchen.
  Die Kinder der älteren Gruppe (Jahrgänge 1997–2000)
heißen:
  Jesse, Jon Fadri, Geti, Marco, Cristina, Anina,
Urezza, Lino, Linard, Dario, Fadri, Niculin, Balser,
Gian Luca, Fabio, Andy, Peder, Selina, Corsina, Flurin,
Matthias, David, Livio, Marco, Corsin.

Die der jüngeren Gruppe:
Livio, Mauro, Men, Mazzina, Giovanni, Fabio, Selina, Helena, Severin, Florian, Ricardo, Mischa, Niculin, Lea, Nic, Sandra, Andri, Fancisco, Silvano, Noe, Jann, Not, Flurin, Alesch, Claudia, Martina.

Gestern Abendessen bei Anke. Ihre Freundin Paula war eingeladen. Paula ist 45 Jahre alt, Mutter von 17jährigen Zwillingen. Sie ist in Portugal geboren, mit vier Jahren nach Südafrika gekommen. Dort hat sie einen Schweizer kennengelernt, der für den größten Lebensmittelkonzern der Welt arbeitet. Vier Jahre lebten sie in Thailand, in Indien, auch in der Schweiz. Jetzt mußte der Mann wieder nach Indien. Sie haben ein Internat für ihre Buben gesucht und das Sportinternat in Ftan gefunden. Sie haben die ehemalige Wohnung von Anke in Sent angemietet. Paulas Mann ist seit einem halben Jahr in Indien. Sie wird in zwei Wochen nachziehen. Die Wohnung in Sent soll ihre Bleibe sein, wenn sie ihre Kinder im Internat besuchen. In Indien werden sie vermutlich für zwei Jahre bleiben. Paula sagt, das Leben in fremden Ländern ist gut, aber man kann kaum längere Freundschaften schließen. Sie ist regelmäßig in Portugal bei ihrer Familie. Und sie hat eine gute Freundin in Thailand.

Sonntag, 18. April

Der internationale Flugverkehr liegt lahm. Große Sympathien für den isländischen Vulkan.

Ich habe ein Gedicht geschrieben, das mit den romanischen Worten »mail«, Mail, »emagl«, Emaille, und »maila«, Äpfel, spielt. Dazu kommt noch das romanische Wort für Kartoffel: »Mailinterra«, wörtlich Apfel-in-der-Erde. Es ist ein »Apfel/Mail-in-der-Luft«-Gedicht geworden. »Bratschadella da maila« ist der Apfelstrudel.

Mailinajer

Eu n'ha scrit ün mail a Rut
– Fos?
Eu n'ha scrit ün emagl a Rut
– Fos!
Eu n'ha scrit a Rut
per far üna bratschadella da maila
cun ella

Auf Deutsch geht das nicht:

Apfel/Mail in der Luft

Ich habe eine Mail an Rut geschrieben
– Falsch?
Ich habe eine Emaille an Rut geschrieben
– Falsch!
Ich habe an Rut geschrieben,
um einen Apfelstrudel mit ihr zu machen

Robert Frost hat gesagt: Poetry is what gets lost in translation.
Man könnte den Satz ausprobieren: Heimat ist das, was sich nicht übertragen läßt.

Dienstag, 20. April

Gestern ist Mengia gekommen und hat mir die Haare geschnitten. Seit ich in Sent wohne, schneidet mir Mengia die Haare. Früher hatte sie hier im Haus, ihrem Elternhaus, einen kleinen Frisörsalon, unten im Heuwagenflur. Am Donnerstag fliegt sie mit einer Freundin nach Rom (wenn der Vulkan es erlaubt), von dort nach Berlin (mit Umsteigen in Wien und Frankfurt, das sei billiger). Sie erzählt, halb Sent sei in den Maiferien in Griechenland, alle im selben Hotel. Sie verabreden sich da, sagt sie. Mina ist in Ägypten, sage ich. Ja, sagt sie, da seien auch welche aus Sent. Iris geht mit ihrem Sohn auch nach Ägypten, nach El Quseir, in das Hotel Mövenpick. Die aus dem Oberengadin gehen eher auf die Malediven, sage ich. Sie nickt.

Wenn sie Ferien machen, reisen die meisten Bewohner des Engadins in den Maiferien in die Sonne, in die Wärme. Der Mai ist für sie der wichtigste Ferienmonat. Es ist die einzige Zeit, in der Eltern mit ihren Kindern länger verreisen können. Über Weihnachten und während der Skisaison geht das nicht, und im Sommer warten die Wanderer und die Wiesen.

Ich schreibe jeden Tag mindestens ein Gedicht auf vallader. Kleine beglückende Sucht. Ich schicke die Texte per Mail an Esther, wir sprechen darüber. Ich übertrage die Korrekturen in mein Heft. Ich schreibe mit dem doppelfarbigen Schweizer Rot-Blau-Buntstift. Mit der blauen Seite schreibe ich die Texte, mit der roten die Korrekturen. Die Texte kommen jeweils auf die rechte Seite, auf der linken notiere ich mit Bleistift neue Wörter. Ich kann mich an meine Gedichte erinnern und mir so Wörter merken.

Mir gefällt das romanische Wort »Chadafö«, das Küche heißt, aber wörtlich »Haus des Feuers«. Ich möchte mit entsprechenden Räumen spielen: Haus des Wassers, Haus der Luft, Haus der Erde.

Haus der Erde ist klar: »Cha da terra«. Aber was mache ich mit Wasser und Luft, »aua« und »ajer«, die mit Vokal beginnen? Ich frage meinen Sohn. Paß auf, sage ich, Chadafö ist doch die Küche, Haus des Feuers, also. Matthias schaut mich skeptisch an. Er schätzt meine

Romanischkenntnisse überhaupt nicht. Was also, frage ich weiter, wäre das Haus des Wassers? – Gibt es nicht, sagt er. O.k., sage ich, klar, gibt es nicht. Aber wenn ich es jetzt erfinde, dann gibt es das schon. Und wie würde man das dann sagen: »Cha d'aua« oder »Cha da l'aua«? Matthias schaut mich finster an. Und? sage ich und schaue zurück. (Sekundenmachtkampf) – »Cha da l'aua«, sagt er.

Interiurs

Chadafö
Cha da l'aua
Cha da l'ajer
Cha da terra

per la giatta chi baiva lat
per l'algordanza
per la tschuetta alba
per esser föglia e flomma

Mir gefällt, daß das Gedicht kaum zu übersetzen ist. Vor allem die Schlußzeile ist nur auf romanisch möglich. »fö e flomma« heißt, wie im Deutschen, Feuer und Flamme sein, begeistert sein. Aber im Romanischen gibt es eben das Wort »föglia« für Baumblatt und »fögl« für das Blatt Papier. In »föglia e flomma« hört jeder Romane sofort das geläufige »fö e flomma«, aber das grüne Blatt und das Blatt Papier sind auch dabei und damit neben der Begeisterung, neben dem Brennen das Verbrennen im Haus der Erde. Interlinear also etwa:

Innenräume

Küche/Haus des Feuers
Haus des Wassers
Haus der Luft
Haus der Erde

für die Katze, die Milch trinkt
für die Erinnerung
für die weiße Eule
um begeistert/ Blatt und Flamme zu sein

24. April

Lesung in Basel. Ich hatte Verena Stössinger, gebürtige Luzernerin, bei Manfreds Antrittsvorlesung kennengelernt, nun war sie zu meiner Lesung gekommen. Sie hat Nordistik studiert (und unterrichtet) und ist Autorin von vier Romanen; gerade arbeitet sie an einem Kinderbuch »Reise zu den Kugelinseln«. Sie schickt mir eine Mail:

Jetzt zum isländischen Vulkan. Ich bin nicht so schrecklich fix in der isländischen Sprache, kann sie zwar lesen, aber kaum sprechen (weil die Grammatik so kompliziert ist und mir auch die Übung fehlt); aber:

eyja (oder ey, beide f.) heisst Insel fjall n. (gesprochen: fjatl, mit kurzem a) heisst Berg – wie auch »fell« (gespr. fetl), aber »fell« ist eher ein kleinerer Berg und einer, der alleine steht; z. B. der Snæfell auf Snæfellsnes (-nase) nördlich von Reykjavík, wo Jules Vernes Held durch ein Loch in die Unterwelt fällt) –. Also ist fjall eher ein höherer Berg in/bei einem Massiv, einer Kette. In Zusammensetzungen wird dann häufig ein -a angehängt, ich bin fast sicher, dass das ein Dativ ist, jedenfalls ist »fjalladrög« ein Berg-Zug (›Zug von Bergen‹) und zB. »fjallagrös«, wörtlich: Berg-Gras, Gras vom Berg, ist Isländisch Moos. – Es gibt aber auch Zusammensetzungen ohne -a, zB. fjallferð, das heisst Bergtour. jökull schliesslich (gesprochen jökütl und betont auf der ersten Silbe, wie eigentlich alle Wörter im Isländischen, und beide Vokale kurz) heisst Gletscher (m, Nom. Sing.). Eyjafjalla ist der Name des Berges in Südisland, der ›spuckt‹ und »(grösserer) Inselberg« heisst (wobei ich nicht sicher bin, warum es das -a am Schluss braucht, könnte es aber nachfragen), und Eyjafjallajökull ist der Gletscher oben auf diesem Berg, durch den die ausgespuckte Lava durch muss.

Ich mag Verena Stössinger wirklich gerne.

25. April

Lesung in Offenburg. Am Nachmittag kommt mir im langen Hotelgang eine sehr junge Frau entgegen. 16 Jahre vielleicht, Lehrlingsalter. Ihre Haare sind kurz und blond, sie ist leicht pummelig. Sie sieht verstört aus. Sie läuft ein wenig unsicher, als sei sie müde von einer zu anstrengenden Arbeit. Ich versuche, während sie leicht schwankend auf mich zugeht, einen Blickkontakt herzustellen, aber sie sieht leer an mir vorbei. Ich war kurz davor, sie anzusprechen.

Als ich fast an meiner Zimmertür bin, kommen mir aus der Tiefe des Flurs zwei Männer entgegen. Sie verweilen im Gang, trödeln langsam weiter, als warteten sie auf etwas. Wenig später sehe ich durch die Fenstergardinen meines Zimmers die beiden Männer auf dem Parkplatz des Hotels mit einem weiteren Mann davonschlendern. Sie waren also zu dritt.

28. April

Erlangen. Das Deutsche Seminar der Universität hat mich zu einem Poetenkolleg mit Studenten eingeladen. Über »Nahe Tage« kommen wir auf den Begriff Heimat. Ein Junge sagt entschieden, er lehne für sich persönlich den Begriff ab. Er habe für ihn höchstens eine historische Funktion. Er könne überall leben. Ein Mädchen beginnt von ihrer Mutter zu erzählen. Auf einmal hat sie Tränen in den Augen. Es ist seltsam, wie schnell manchmal etwas aufbricht.

(Ich denke an Karl Jaspers' psychiatrische Dissertation »Heimweh und Verbrechen«, in der er von jungen Mädchen erzählt, die, als Bedienstete in die Fremde geschickt, dort zu Brandstifterinnen und Kindsmörderinnen wurden, in der irren Hoffnung, dadurch wieder nach Hause zu kommen.)

Erlanger Einkaufspassage. Vor der Lesung am Abend möchte ich mir ein neues schwarzes T-Shirt kaufen. Aber ich schaffe es nicht, mich in den überschallten Boutiquen zu konzentrieren. Dabei ist die Erlanger Einkaufspassage sicher harmlos.
Auf einmal das Gefühl, an einer Reinheitsbehinderung zu leiden. An einem Stand gibt es in Plastikbechern geschnittene Früchte. Melone, Ananas. Ich möchte Ananas essen, aber ich kann sie nicht kaufen.

Eine Rolltreppe führt in das Untergeschoß der Einkaufspassage, in der sich das Areal einer Verkaufskette für Computer und Elektroartikel befindet. Ich brauche eine Maus für den PC. Ich habe es geschafft, eine Maus zu kaufen, aber es war nicht einfach. Ich stehe vor einem ganz langen Regal mit Mäusen und soll eine aussuchen. Es ist eine Zumutung, sich mit so vielen ähnlichen Gegenständen beschäftigen zu müssen, um den einen funktionalen zu bekommen, den man braucht.

Ich habe dann für fünf Euro (nein, diese Albernheit: für 4.99 Euro) eine Maus aus einem großen, viereckigen Behälter genommen, wo es nur zwei Arten von Mäusen gab. Ein Sonderangebot. Die Maus ist aber gut.

In Erlangen habe ich einige junge Wissenschaftlerinnen kennengelernt. Mütter, sie pendeln alle. Es ist ganz normal, drei Tage nicht bei den Kindern zu sein oder täglich 3 Stunden Auto zu fahren. Dann bei getrennten Beziehungen: der Vater des gemeinsamen Kindes lebt in Hof, der neue Freund in Wolfsburg, die Mutter selbst arbeitet in Erlangen; die Wohnung von Mutter und Kind liegt in Bamberg. Jetzt will die Mutter mit dem Kind und dem neuen Freund (der in Wolfsburg arbeitet) eine gemeinsame Wohnung in München nehmen. Ich frage, warum München? Sie sagt, München sei immerhin eine Stadt. Später erzählt sie, ihr Freund wolle nicht mehr arbeiten, er denke daran, etwas ganz anderes zu machen. Bergführer zum Beispiel.

Mit dem Zug ankommen im Tal: das Grau der Felsen, unten schäumt grün der Inn. Die Schneeberge, graues Grün der tieferen Felswände, grünes Grün auf den Wiesen.
    Mit dem Hund losgegangen. Geatmet.

Zu Hause schlage ich noch einmal Jaspers auf. Er referiert den Ursprung des Wortes »Heimweh«. Es ist erstmals belegt in Scheuchzers »Naturgeschichte des

Schweizerlandes« (1706), später hat der Autor darüber noch einmal auf lateinisch gehandelt: »Dissertatio de Nostalgia Helvetorum« (1731). Scheuchzers wundersame medizinische Begründung dieser »Schweizerkrankheit« faßt Jaspers zusammen: »Die eigentliche Ursache des Heimwehs ist nach ihm die Änderung des Luftdrucks. Die Schweizer leben in den Bergen in feiner leichter Luft. Ihre Speisen und Getränke bringen auch in den Körper diese feine Luft hinein. Kommen sie nun in das Flachland, so werden die feinen Hautfäserchen zusammengedrückt, das Blut wird gegen Herz und Hirn getrieben, sein Umlauf verlangsamt und, wenn die Widerstandskraft des Menschen den Schaden nicht überwindet, Angst und Heimweh hervorgerufen. Daß besonders junge Leute mit feiner Haut und solche, die mit Milch genährt sind, erkranken, dient ihm als Stütze seiner Ansicht. Zur Behandlung empfiehlt er auf Grund seiner Meinung neben psychischer Beeinflussung Transport auf höher gelegene Berge und innerliche Darreichung von Stoffen, die ›zusammengepreßte Luft enthalten‹, um von innen den Druck im Körper zu erhöhen, z.B. Salpeter, Pulver, jungen Wein. Anhangsweise spricht er vom Heimweh der Walfische, die in südlichen Gewässern ebenfalls infolge Druckänderungen an diesem Übel erkranken.«

29. April

Unsere Papiere aus Amerika, die wir brauchen, um von der US-Botschaft in Bern ein Visum zu bekommen, sind unterwegs. Aber sie sind noch nicht angekommen. Der unaussprechliche Vulkan beeinflußt auch uns. Wir haben eine Nummer, über die wir im Internet den Weg der Postsendung verfolgen können:

19. 4. ab in Rutland, Vermont; dann Manchester, Philadelphia, dort am 20. 4. die Bemerkung: Natural Disaster. In Madrid am 21. 4.; in Köln am 23. 4. die Bemerkung: »The address is in a remote area and deliveries are not made daily.«

3. Mai

Schlögen, Donauschlinge. Für die Fahrradreportage bin ich mit einer jungen Photographin von Passau nach Wien unterwegs. Die Räder, die wir bekommen haben, sind schwer, aber das macht nichts. Es gibt ja keine Steigungen. Heute morgen in Passau habe ich gesehen, wie die Donau in den Inn fließt. Triumph! Der Inn ist der größere Fluß! Du, habe ich gedacht, kommst von uns.

Am Spitz des Zusammenflusses tunken zwei Schwäne ihre Schnäbel in die Wasser, die sich mischen. Die Photographin sammelt Schwanenbilder. Später photographiert sie auch Schnecken. Und Gänse in einem Kleefeld, die ihre Köpfe wie Blüten aus dem Grün strecken.

Immer wieder nieselt es leicht. Am Nachmittag sagt Manfred am Telephon, daß in Sent 20 cm Neuschnee liegen.

Abends auf der Hotelterrasse über der Donau sagt die Photographin, die in Hamburg und Zürich lebt: hier ist es so still. Aber es ist nicht still. Man hört die Straße, für mich ist es eher laut.

4. Mai

Linz. In unserem Hotel ist das Casino. Ich war noch nie in einem Casino; die Photographin, die fast meine Tochter sein könnte, schon. Floraler Teppichboden, viel Gold im Design. Alte, grüne Roulette-Tische. Erst setzen wir nur auf Rot oder Schwarz, dann probiere ich Reihen aus. Es klappt, wir spielen zusammen, setzen auf Reihen. Sie setzt manchmal auf ein Kreuz, das vier Zahlen abdeckt. Wenn eine gewinnt, haben beide gewonnen. Wir gewinnen mehr, als wir verlieren. Wir trinken Grünen Veltliner. Man gewinnt immer, das ist nicht das Problem. Man muß nur aufhören können. Die Photographin photographiert in die Deckenspiegel, unter denen wir stehen. Wir werden beobachtet; sie darf keine Casinobesucher photographieren.

5. Mai

Die Blüten in den Marillenplantagen der Wachau sind so naß, als seien sie frisch geschlüpft.

In Spitz erzählt der Wirt: Es gibt Tage, da hört man kein deutsches oder österreichisches Wort. Die Strecke Passau–Wien ist die beliebteste Radtour Europas. Italiener, Dänen, Holländer kommen. Im August vor allem Italiener, sagt der Wirt, das Wetter hier ist ihnen dann angenehm. Alle fahren in Fließrichtung der Donau. Der Wind komme zu 90% mit dem Fluß. Wenn das Wetter gut ist, seien Tausende unterwegs. Im Hochsommer aber würden die Leute leicht in Stress geraten. Da gäbe es zu viel positive Sonnenenergie, sage die Physiotherapeutin seiner Frau.

6. Mai

Wien. Speisekarte: »Steirischer Backhendlsalat: knusprige Hühnerbruststücke in Kürbiskernpanade auf Kartoffel-Gurke-Vogerlsalat« und »Kross gebratenes Zanderfilet auf Krautfleckerln mit süßem Senfschaum«.

Wir sind wild entschlossen, alles zu essen, schaffen aber den Marillen-Topfen-Mohnstrudel-Nachtisch dann doch nicht.

7. Mai

Ankommen in Scuol. Beim Warten auf den Bus nach Sent das Gefühl, alles blendet, obwohl die Sonne nicht scheint.

Freunde aus Tübingen sind da, auch unsere alte Freundin Ute aus Stuttgart. Manchmal, wenn Ute den Tisch deckt, Brot schneidet, denke ich: Sie hat Originalmanuskripte von Hölderlin angefaßt, nimmt täglich Gedichte, Briefe von Stefan George in die Hand.

8. Mai

Ich möchte ein Gedicht mit »pel« und »pled« schreiben, mit »Haut« und »Wort«.

13. Mai

Prager Buchmesse. Auf dem Wenzelsplatz Reklameschaufenster für Thaimassagen mit live agierenden blütenhaften Masseurinnen. Das »New Yorker« Modelabel steigt in den Himmel. Ich finde die Jugendstilfassade des Hotels Europa nicht. Ich wohne woanders. Aber ich war in diesem Hotel einmal sehr unglücklich; vielleicht wollte ich nur vor der schönen Fassade stehen, damit sie sieht, daß es mir besser geht.

14. Mai

Prag, der Regen, der Übersetzer ganz in Schwarz mit einem großen schwarzen Regenschirm. Er hält ihn mir hin und ich zögere. Ich soll wohl den Regenschirm nehmen, aber ich will ihn nicht. Doch da sagt er, ob ich mich denn nicht einhängen möchte. Auf einmal, ganz unerwartet, die schöne altmodische Geste, am Arm eines Mannes durch den Regen gehen, durch Prag gehen. Ich spüre, wie er die Fingerknöchel meiner linken Hand etwas mehr an sich drückt, als nötig wäre. Ein Hauch von einer erschwindelten Berührung, niemals diskutierbar. Wir fahren mit einer Bahn auf den Berg hinauf und laufen Richtung Burg. Nasse Wiesen, blühende Bäume. Die berühmten Bibliothekssäle des Klosters Strahov werden gerade renoviert. Im pastellenen Gang eine kleine Bibliothek. In einer Vitrine stehen graue Bücher. Eine Aufseherin mit geblümtem Kopftuch und Strickjacke winkt uns verschwörerisch zu sich. Sie schließt die gläserne Tür auf und nimmt eines der Bücher heraus. Sie öffnet es. Aber es enthält keine Schrift, keine Worte, sondern in kleinen Holzfächern geordnet: Blätter, Zweige, Rinden, Samen und Früchte von Bäumen.

Später sitzen wir in einem Café im Souterrain eines Kiosks. Es ist sicher einer der raren Winkel, in denen sich die Prager verstecken. Aber auch hier ist die Getränkekarte englisch.

15. Mai

Von Prag sind es 50 Flugminuten bis Zürich. Von da aber noch drei Stunden nach Markdorf am Bodensee. Umsteigen in Oerlikon, Winterthur, Schaffhausen, Singen, Radolfzell. Unsere Freundin Susanne feiert 33 Jahre Buchhandlung. Manfred und ich machen eine Lesung mit biographischen Rätseln. Als Ratepreis hat Manfred kleine Stücke Engadiner Nußtorte mitgebracht, ich Bleistifte aus Prag. Das Publikum ist munter, manche möchten lieber ein Stück Nußtorte, manche lieber einen Bleistift. Matthias sitzt in der ersten Reihe und hört zu. Von klein auf war er gerne bei Lesungen dabei; ich glaube, er mag es, unter Leuten zu sein. Nach uns lesen zwei Schauspieler Texte von Robert Gernhardt.

Wir übernachten in einer privaten Pension bei einer Greisin in Rosa. Mit gepflegten Händen, die Fingernägel französisch manikürt, stellt sie die Brötchen im Frühstückskörbchen auf den Wohnzimmertisch. Wurst- und Käsescheiben hat sie auf einer gläsernen Platte angerichtet und mit Apfelscheiben garniert. Ihr Wollpullover ist eng anliegend; sie trägt ein tiefes Dekolleté. Ihre Brüste sind gebräunt. Sie habe ihren Sohn alleine großgezogen, sagt sie. Jetzt habe er eine Freundin, aber es sei nicht die richtige. Wir sollen vom Engadin erzählen. Sie sieht aus dem Fenster, als könne sie das Tal sehen. Der große Garten vor dem Haus ist mit Bonsai-Bäumen, Steingärten und kleinen Teichen angelegt. Eine Stickerei kontrollierter Naturschönheiten.

Dienstag, 18. Mai

Es ist sehr kalt, aber die Lärchen stehen in einem Schleier von Grün, die Kastanien rollen langsam ihre Blätter aus. Nasser Mai. Meine Nelken stehen immer noch bei Uorschla vor den Hasenställen hinter der Scheibe. Auch die Hortensie, auch der rotblühende Salbei, den mir Helen letztes Jahr zum Geburtstag geschenkt hat. Dieser Frühling ist den Blumen nicht zumutbar.

Professorenfreunde sind gekommen. Sie fragen, was unsere großen Kinder machen. Was aus dem Kleinen wird, fragen sie nicht so direkt, aber sie denken es. Was lernt ein Kind in einem abgelegenen Bergdorf, in einer Volksschule, in der zwei Klassenstufen in einem Klassenzimmer sitzen, ein Kind, das erst in der 4. Klasse Deutschunterricht erhält (als Fremdsprache!). Vorsichtig fragen sie, ob es in der Gegend ein Gymnasium gebe.

Wir sind eher gelassen geworden. Wir könnten sagen, Matthias spricht fließend Vallader, das ist eine Art Küchenlatein, ein Grundstock für alle romanischen Sprachen. Und die Großen? Andreas studiert gerne Sport in Köln. Silvia hat noch ein Semester Kulturwissenschaft in Hildesheim. Sie kann sich Theaterarbeit mit Kindern vorstellen.

Außerdem: beide Großen können kellnern und putzen, selbständig reisen, an der Bar arbeiten und babysitten, Glühbirnen einschrauben und Eltern beruhigen. Und der Kleine lernt Forellen fischen, im Inn.

21. Mai

Der Flüelapaß sollte wieder auf sein, aber ich bin nicht sicher. Heute in Chur ein Hölderlinabend. Wir wollen in der Nacht zurückfahren. Ab 1. Mai verkehrt der letzte Autozug durch den Vereinatunnel um 20.50 Uhr; wenn der Flüela gesperrt ist, müßten wir den Umweg über den Julierpaß machen oder in Chur übernachten.

Ich fahre nicht Auto. Abendveranstaltungen in Zürich sind für mich immer mit einer Übernachtung verbunden. Die letzte Zugverbindung von Zürich nach Scuol ist um 20.37 Uhr (mit Umsteigen in Landquart, Klosters, Sagliains). Ankunft in Scuol 23.19 Uhr. Mit dem Sammeltaxi dann ungefähr zwanzig Minuten später in Sent.

Der Himmel ist geschlossen grau. Die Dächer naß, die Berggipfel im Nebel, die Hänge weiß durchzogen von einer dunklen Schraffur der Bäume.

Für einen Moment taucht von Osten die Sonne durch den Nebel. Ein blauer Wink der Wärme und schon wieder vorbei.

Samstag, 22. Mai

Heute zum ersten Mal wieder Licht, Schneeberge im Blau. Silvia ist gekommen; wir haben im Garten gearbeitet. Die Beete sind jetzt vorbereitet, morgen wird eingesät. Die Sommer sind kurz und heftig. Alles geht sehr schnell. Die Tulpen blühen noch. Ich habe frische Minze geerntet und noch einen Lauchstengel vom letzten Jahr, der in der kalten Erde überwintert hat. Erdbeerpflanzen blühen. Der Pflaumenbaum blüht.

Der Flüelapaß war offen. Klare Nacht, zunehmender Mond. Mit jeder Serpentine wurden die Schneefelder dichter. Oben dann alles weiß. Das Empfinden von Höhe.

Einmal, es war schon hoher Sommer, holten wir Silvia von einem Bewerbungsgespräch in Zürich ab. Auf dem Hinweg keinerlei Gedanken an Schnee. Auf dem Rückweg kamen wir, schon auf der Höhe von Davos, am Beginn des Passes, in einen Schneesturm. Es war dunkel und im Licht der Scheinwerfer wuchs der Schnee, türmten sich Schneeverwehungen. Kein Auto kam uns entgegen. Der Paß wurde nicht geräumt. Manfred sagte, es sei trotz der Sommerreifen kein Problem. Manfred ist vermutlich der beste Autofahrer, den ich kenne. Aber ich hatte Todesangst, die, wie ich heute denke, vielleicht einfach Angst um das Mädchen war. In der Heftigkeit dieser Berge sind alle Schrecken nah.

Die gelben Wiesen beginnen, blau zu werden. Ich sehe den Vertreter der Lia Rumantscha (der Dachorganisation aller Romanischen Kulturvereinigungen), die auch Sprachkurse organisiert, zwischen den Blumen umgraben. Ich frage, was er da macht. Er sagt: Kartoffeln setzen. Das sei jetzt die Zeit. Ich sage, endlich ist es schönes Wetter. Er sagt, wer weiß, wie lange.

Jetzt, wo der Schnee fort ist, sieht man die alte, durch verwachsene Böschungen und Lesesteinwälle linierte Terrassierung der Senter Hangwiesen deutlich. Laut Vogelwarte Sempach liegt hier, im Osten von Sent, das Gebiet mit der höchsten Heckendichte der ganzen Schweiz, ein besonderer Lebensraum für Insekten, Kleinsäuger und Vögel.

Gestern haben wir eingesät. Bald wird man die grünen Spitzen sehen: Radieschen, Rucola, Schnittsalat, Spinat, Koriander.

Pfingstmontag, 24. Mai

Kleines spätes Lichtprotokoll:
20.42 Uhr, Schwalben in der Luft wie geworfene und fallende Bälle. Konfetti des Tschilpens. Es ist warm, der Himmel stahlblau, auf dem S-chalambert gegen Osten liegt ein helles, rosa Schneelicht, der Piz Uina dahinter schimmert dunkler. Leichte, bläuliche Schatten, im Übergang ein Effekt von Flieder. Die Hänge sind von einem violetten Grau, das in das Schneegerippe der Bäume übergeht. Auch der Piz Pisoc gegen Westen zeigt noch eine rosa Spitze. Kirchturmglocken, dreimal, sehr pünktlich.
20.45 Uhr, der Piz Uina jetzt wie kostbarster Chif-

fon in Rosa, Blau, Mauve. Der S-chalambert in rotem Schnee. Ein dreiviertel Mond über dem Piz Ajüz.

Dann weiches Grau, wie Fell, wie Haut. Die Berge sind unsere Kühe am Abend. Mit ihren Graten, Rücken, samtigen Flanken. Noch ein letztes Rot hinter dem Piz Ajüz. Dann gehen die Farben sanft zurück. Und kommen wieder in einer blauen Palette von Grau.

Der Mond hoch oben hat ein stummes Munch-Gesicht.

26. Mai

Fahrt in die Gärtnerei nach Lavin. Manfred am Steuer. Auch Helen ist mitgekommen und sitzt hinten neben Silvia. Es könnte regnen, aber wir wollen Pflanzen setzen, jetzt, wo es endlich ein wenig warm geworden ist. Auf dem Weg sehen wir Kühe. Ich sage: was für schöne Tiere Kühe doch sind. Helen sagt: Ich mag sie nicht ohne Hörner. Ich finde, sie sehen blöde aus. Und dann denke ich mir, daß Menschen ihnen das angetan haben und dann schäme ich mich, zu dieser Gattung zu gehören.

Es war mir gar nicht aufgefallen, daß die Kühe keine Hörner hatten. Manfred sagt nichts, er ist nervös. Er hat nicht genug geschrieben und das Basel-Seminar noch nicht richtig vorbereitet, und von Basel fliegt er weiter zur Hölderlin-Jahrestagung nach Berlin. Auch Silvia fährt morgen nach Berlin, mit dem Zug; sie hat noch nicht gepackt. Aber da ich nicht Auto fahre, habe ich Manfred gebeten, mich nach Lavin zu bringen, um schnell ein paar Setzlinge zu kaufen und einige Blumen. In Lavin aber kauft man nicht schnell etwas, das langsam gewachsen ist. Eine Gärtnerei wie eine Parkanlage. Gewächshäuser und Beete sind eingelassen in einen Rasen mit kleinen Blumeninseln von Löwenzahn, Gänseblümchen. Hier möchte man Bilderbücher malen. Freundinnen, Paare, einzelne Männer und Frauen flanieren, sitzen auf Stufen, Rändern. Der Inn rauscht. Man schaut gegen die ansteigenden alten Häuser von Lavin auf die gemauerten Gärten. Gärtner und Gärtnerin bedienen einzeln. Kein Kunde faßt Setzlinge oder Töpfe selber an. Man wartet. Wer dran ist, wird sorgfältig beraten. Wir stehen eine gute Stunde. Es ist schön, aber wir haben die Zeit nicht. Oder wir haben das Gefühl, die Zeit nicht zu haben. Wir verharren in einer Blumenwelt. Wir sind nervös. Und es ist schön. Wir haben nicht die Nerven für dieses Paradies. Aber wir scheinen die Einzigen zu sein, die unruhig werden. Die Gärtnerin, auch Keramikerin, und der Gärtner, ein Bildhauer und Maler, bleiben sehr langsam. Aufmerksam langsam. Ich glaube, sie werden immer langsamer. Eine weiße, halbzahme Taube trippelt mit fedrigen Füßen über das gepflegte Grün. Silvia sitzt auf dem Rasen und fixiert die Taube wie ein zu lösendes Rätsel. Die Taube fliegt auf den Dachfirst des Gewächshauses. Manfred hält die Szene nicht aus, geht raus und parkiert das Auto um. Das Warten ist ein gesellschaftlicher Anlaß, vielleicht wie früher die Begegnung am Brunnen. Man ist gerne beieinander, unterhält sich. Auch Helen spricht freundlich nach links, nach rechts. Romanische Nähe. Natürlich sind heute auch viele Menschen gekommen, weil es so spät so schnell schön wurde.

In Sent haben jetzt alle Häuser Blumen. Ansammlungen von Töpfen an den Fenstern und Türen. Als könnten die geschmückten Häuser den Sommer überreden.

Ich kaufe Lobelien in Hell- und Dunkelblau, eine Clematis, Rosmarin, einen Peperonistock, eine Wicke, zwei Töpfe glatte Petersilie und verschiedene Salate und Mangoldsetzlinge.

Auf dem Heimweg sieht Helen zu den Bergen und sagt: wie viel Schnee es noch hat, Ende Mai! Die weißen Zungen kommen weit über die Baumgrenze herunter, bis auf 1700, 1600 Meter. In schattigen Schluchten auch tiefer.

Hundegang. Silvia pflückt blühenden Oregano, zum Trocknen. Dann gräbt sie kleine Oreganoteppichstücke aus. Vielleicht wachsen sie an. Aus den Wiesen steigen jetzt die blauen Blüten auf im Gewoge von Grün. Kräftiger wilder Salbei, Vipernkopf, Wicken, Glockenblumen, Wegwarte, vereinzelt Vergißmeinnicht. Wind, es riecht nach Regen. Die Margeriten öffnen sich.

Silvia möchte noch Pfefferminze aus dem Garten mitnehmen. Es beginnt zu nieseln. Wir sehen grüne Spitzen dort, wo wir Reihen gesät haben.

Donnerstag, 27. Mai

Die Lia Rumantscha und das Piz-Magazin realisieren von Mitte Mai bis Anfang Juni Romanische Filmtage in Ramosch und Vnà.

Gestern wurden in der Kirche von Vnà Filme von Mic Feuerstein gezeigt. Er entstammt der Fotographen- und Filmemacherdynastie Feuerstein in Scuol, die die Natur des Engadins, des Schweizer Nationalparks und das Leben im Tal festgehalten haben. Schon Großvater Jon Feuerstein (1871–1946) trug den Titel Meisterphotograph, sein Sohn Domenic Feuerstein (1900–1949) war einer der ersten, die im Engadin gefilmt haben. Mit seinem Freund Luis Trenker drehte er regelmäßig im S-charl-Tal. Während sein Sohn Jon Feuerstein jr. (1925–2010) sich wieder der Photographie zuwandte, wurde sein jüngerer Sohn Mic (1928–2004) Kameramann. Über 30 Jahre drehte er für das Schweizer Fernsehen. Sein Spitzname war Geröllhalden-Fellini. Mit seiner schweren Kamera hing er unter Adlernestern, filmte bei ausgehängter Tür aus einem Helikopter. Seine Tieraufnahmen gelten als spektakulär, viele gingen in Disney-Produktionen ein.

Die Kirche ist voll wie an Weihnachten, sagt Urezza Famos bei der Begrüßung. Die Herausgeberin des Piz-Magazins spricht romanisch; die Romanen sind gekommen. Auch Clà Riatsch, wie Urezza gebürtig in Ramosch, nun Romanischprofessor in Zürich. Sie kennen sich alle und sie kennen alle, die in den Filmen vorkommen und die jetzt zum Teil im Kirchenschiff sitzen. Auch die Kinder von Mic Feuerstein, die seinen Nachlaß verwalten und ein Archiv planen, auch seine zweite Frau. Seine erste Frau ist meine Tante, sagt Leta, die Lyrikerin, rechts von mir in der Kirchenbank. Links sitzt Angelica Biert, Schauspielerin und Witwe des romanischen Schriftstellers Cla Biert, der mit Mic Feuerstein befreundet war. Beide waren auch mit dem Schriftsteller Jon Semadeni befreundet, der der Vater von Leta ist. Kreisschlüsse. Keine Chance hier hineinzukommen. Aber sie lassen einen teilhaben. Myzelien.

Wir sehen den Film »Der Inn erzählt« (»L'En raquinta«, 1969, schwarz-weiß), eine Hommage an den Fluß, kurz bevor sein Wasser für die Elektrizitätsgewinnung gefaßt wurde. Den Film über zärtlich spielende, den Hang hinunterkullernde Murmeltiere, Szenen mit kämpfenden Hirschen. So nah, so unmittelbar wie auf der Leinwand habe ich diese Tiere nie gesehen. Es gibt ein Portrait eines Bauern, der im Winter auf der Motta arbeitet (aus den siebziger Jahren), während seine Frau die winterliche Stallarbeit mit den sechs Kindern erledigt. Immer wieder Lachen in den Kirchenbänken, das ich nicht verstehe, mir fehlt der Erlebnis-Echoraum von Jahrzehnten. Die andern reagieren impulsiv auf die Leinwand; es ist ihr Leben. Ich werde nie dazugehören. Dann ein Auflachen, das auch ich begreife: Chasper Pult, ein wichtiger romanischer Kulturvermittler, Sohn und Enkel zweier engagierter Romanen (sein Großvater hat über die Sprache von Sent promoviert »Le Parler de

Sent«, 1887), erscheint auf der Leinwand als ganz junger Mann mit finsterem Bart. Schon damals also sprach er mit der ungebrochenen Verve, die ihn noch heute unverwechselbar macht.

Leta, die Lyrikerin, sagt: ich sehe hier Leute, die habe ich seit dreißig Jahren nicht gesehen. Und wie alt die jetzt alle sind!

Angelica Biert erzählt, Mic Feuerstein habe sich mit einer Salbe eingerieben, die nach Tier roch, damit die wilden Hirsche ihn näher an sich heranließen beim Photographieren. (Funktion von Parfüm? Wollen wir gleich oder anders riechen? Jedenfalls wollen wir nicht nach uns riechen. Eine Kuh riecht nach sich. Milde Idee von Identität.)

Autofahrt mit Angelica Biert. Ich erfahre, sie ist die Schwester von Beatrice Pult, der Pianistin, die die Mutter von Chasper Pult ist. Was, sage ich erstaunt. Ja, sagt sie kühl. Und ich ahne unsicheren Boden. (Später erfahre ich, daß die beiden Schwestern, obwohl sie im selben kleinen Dorf wohnen, nicht miteinander sprechen. Keiner weiß genau warum.) Beide wurden von einer romanischen Mutter auf Java geboren, beide sind über ihre Männer nach Sent gekommen. – So ein Zufall, sage ich. – Ich glaube nicht an Zufälle, sagt Angelica Biert. Sie ist wohl über 80 Jahre alt und schön, hell, in einem kamelhaarfarbenen Cape, darunter einen mattgelben

Mohairpullover, Locken. Beide Schwestern fahren noch Auto, Beatrice ihren roten Sportwagen. Angelica einen weißen Golf. Eine Pianistin, eine Schauspielerin. Zwei blonde Blüten aus dem Dschungel von Java, vom Fuß der Vulkane, im Schnee.

28. Mai

Hundegang. Seit Helen das von den Hörnern gesagt hat, schaue ich die Kühe anders an. Aber ich finde sie nicht albern ohne Hörner. Ich finde sie auch ohne Hörner schön. Ihr Rückgrat, ihre Flanken. Ihre graue, braune, schattige, felsig glänzende Haut. Aber wenn sie keine Hörner haben, stelle ich sie mir jetzt mit Hörnern vor. Ich überblende. Immer verändert das Wissen den Blick. Immer verändert das Beschreiben den Blick. Wir sehen mit den Wörtern. Später sagt mir Silvia am Telephon: Du hast Helen nicht verstanden. Es ging ihr nicht nur um die Schönheit; es ging ihr auch um den Schmerz.

29. Mai

Berge sind keine Hochhäuser.
    Die Plötzlichkeit des Bergsommers. Sonne – und es ist warm. Aber abends die nahe Erinnerung, daß unter einem duftenden, heißen Tag die Kühle von den Bergen wartet.

Es beginnt die Zeit der Senter Juni-Wiesen, der Wiesen vor dem ersten Schnitt. Auf der besonderen geologischen Schichtung des Engadiner Fensters wachsen hier Wiesenblumen wie nirgendwo anders. Die Senter Wiesen gehören für mich zu den plausibelsten Gottesbeweisen.

Religiöse Erfahrungen in der Kindheit kann man nicht nachholen, sagte, als ich noch Schülerin war, der Vater meiner damals besten Freundin. Darüber habe ich als Mutter oft nachgedacht. Der Satz ist sicher richtig; doch ich wollte Gott nie pragmatisch denken, als einen pädagogischen Vorteil.

Die nicht zu überschätzende Bedeutung des Raums. Die Sprache der Berge ist erschreckend nah und unverständlich. Sich bergen wollen in diesem unwirtlichen, unsinnig leuchtenden Gestein? Nein, sich nicht bergen wollen. Aber ernst genommen sein.

Anders als von Hochhäusern.

Am Nachmittag. Ich stehe unten in Scuol an der Bushaltestelle, die den Namen des Bergflüßchens trägt, der hier den Ort durchfließt: Clozza. Ein Auto hält. Es ist Ruedi, mein Romanischmitschüler, er nimmt mich mit hinauf nach Sent. Er hat Wasser geholt von der Mineralquelle Lischana. Er setzt mich am Dorfplatz ab und schenkt mir eine Flasche. Mit viel Magnesium, sagt er. Am Glas der Flasche sind rote Ablagerungen. Gebrauchsspuren, sagt Ruedi.

Zu Hause klappe ich den Bügel der Glasflasche hoch. Es zischt kaum hörbar. Beim Einschenken sprudelt das Wasser leise, es hat einen natürlichen hohen Kohlensäuregehalt. Es ist kalt und schmeckt frisch. Ich trinke zwei Gläser nacheinander, grad so, als hätte ich Durst.

(Es gibt Menschen, die geben einem Freiheit. Und andere verführen in die Enge. Vermutlich muß man gerade beim Altwerden achtgeben und auf die Freiheit setzen.)

30. Mai

Ich lese von Elisabeth Fendl einen Text über das Gepäck der Heimatvertriebenen: »Mitgenommen«. Im Lateinischen heiße das Wort für Gepäck »impedimentum«, zunächst »Hindernis«. Und aus dem Grimmschen Wörterbuch zitiert sie: dem »feindlichen Heer ins Gepäck fallen« oder »es an seiner empfindlichsten Stelle hinterrücks angreifen«. Gepäck und Verletzbarkeit.

Ich habe Elisabeth Fendl einmal auf einem Kongreß am Bodensee kennengelernt, der sich mit der Integration der Heimatvertriebenen in Baden-Württemberg beschäftigte. Sie hat damals darüber gesprochen, daß Vertriebene am neuen Ort begonnen haben, fremde Gräber zu pflegen. Ihr Heimatgefühl in der Fremde sei mit den ersten eigenen Gräbern gewachsen. Ich war damals sehr erstaunt. Ich hatte in meinem Roman »Nahe Tage« eine (mir selbst merkwürdig) lange Beschreibung darüber, wie die Mutter der Heldin das Grab ihres Vaters, des Großvaters des Kindes, pflegt. Auf einmal schien ich durch ein fremdes Referat ein Stück meines eigenen Textes besser zu verstehen. Jetzt lese ich, daß Elisabeth Fendl über die Mohnmühle schreibt, die die Heimatvertriebenen mitnahmen, und daß sie an ihren neuen Wohnorten Mohn anbauten für die Süßspeisen, die sie herstellten. Ich kenne sie: Mohnstrudel, Hefeknödel mit Mohn gefüllt, Kartoffelknödel mit Mohn und Zucker bestreut, Mohnkuchen. Auch in meiner Familie gab es eine Mohnmühle aus dem Sudetenland. Sie war klein. Sie hatte einen eisernen Fuß, den man an den Küchentisch anschrauben konnte und eine hölzerne Handkurbel. Der Mohn kam oben in ein kupfernes Rund. Ich habe nie mit ihr Mohn gemahlen, nie über sie nachgedacht, aber ich habe diese kleine Mohnmühle, da meine Mutter sie nicht mehr brauchte (sie hatte bald eine moderne Maschine), schon als Studentin nach Tübingen mitgenommen, und dann war sie bei all meinen Umzügen dabei gewesen. Sie war auch in Griechenland. Aber sie kam nicht mehr mit nach Sent.

Für den Umzug hatten wir einen Mercedes Sprinter, Laderaum 4,30 m, gemietet. Manfred würde ihn fahren. Die studentische Arbeitsvermittlung schickte uns zwei Informatikstudenten, die uns helfen sollten, schmale, auf Turnschuhen federnde, leicht dunkelhäutige junge Männer. Sie stellten sich vor als Vettern aus der Mongolei. Sie schienen vergnügt. In Sent waren beide Wohnungen bereits als Ferienwohnungen eingerichtet. Wir wollten nichts mitnehmen, was wir nicht brauchten. 40 Kisten Bücher also, Bücherregale. Noch einen Tisch, Stühle. Matthias packte seine Autos, sein Lego zusammen. Mit einer Entrümpelungsfirma hatten wir ausgemacht, daß sie die guten, noch brauchbaren Dinge (die Waschmaschine, den Kühlschrank etwa), die wir zurückließen, umsonst nehmen und das Unbrauchbare dafür umsonst entsorgen würden. Natürlich war das Auto trotzdem zu klein. Die mongolischen Vettern lächelten. Sie hatten einige Semester in Ulan Bator studiert, doch sie kamen aus der Steppe, ihre Eltern und Großeltern lebten als Nomaden. Sie verschwanden hinunter in den Hof; dort gingen sie um unser Leihauto herum. Sie kamen wieder hoch und fragten, was mitkommen solle. Ich sagte, vielleicht zuerst die Regale? Sie schüttelten den Kopf und begannen den Tisch zu zerlegen. Sie arbeiteten stumm und zügig, Hand in Hand. Sie brauchten keinerlei Verpackungsmaterial. Sie wickelten den Spiegel in die Federbetten. Die Vasen in die Handtücher. Jedes Ding gehörte zu einem anderen. Jedes paßte in ein anderes hinein und sei es nur in einem Winkel. Und dann begann die Feinarbeit, ein dreidimensionales Puzzle. Sie beluden das Auto nicht, sie füllten es aus. Alles, was wir mitnehmen wollten, hatte Platz gefunden. Am Ende zeigten sie uns eine hölzerne Regalstrebe. Die, und genau die, müßten wir zuerst herausziehen, dann würden sich nach und nach die einzelnen Teile ganz leicht lösen lassen.

Sie hatten um 9 Uhr angefangen. Um 14 Uhr waren sie fertig. Und zusammen Mittag gegessen hatten wir auch noch. Wir bezahlten das Doppelte des ausgemachten Stundenlohns. Dann fuhren sie lachend zu zweit auf Manfreds altem Fahrrad davon.

Meine Mutter war eine Weggegangene. Mit der Notwendigkeit (die auch die Möglichkeit impliziert), ganz woanders hinzugehen, bin ich groß geworden. Als Reporterin habe ich in gewisser Weise die Heimatlosigkeit zum Beruf gemacht. Und Heimat immer augenblickshaft gesucht und erfahren. Daneben die Bedeutung der Familie. Die Gefahr, in den Kindern Heimat zu suchen.

31. Mai

Heute nacht hat es bis zur Baumgrenze heruntergeschneit. Jetzt diffuses Sonnenlicht. Die weißen Berge sind im Nebel verschwunden, aber es schneit in dicken Flocken.

Der Kulturwissenschaftler Albert Ilien hat einmal gesagt: Um zu erfassen, was passiert, wenn sich in einem Dorf zwei alte Männer auf der Gasse grüßen, müßte man einen Roman schreiben.
 Damals habe ich in Tübingen aber vor allem bei Hermann Bausinger studiert. Nie offiziell eingeschrieben (bei einem Fachwechsel hätte ich meine staatliche Un-

terstützung verloren) war ich eine Spionin unter den Empirischen Kulturwissenschaftlern. Hermann Bausinger kam von der klassischen Volkskunde, und ich wußte, daß er eine Prüfungsbefugnis für Mediaevistik hatte. Kurz vor meinem Germanistik-Staatsexamen, das ich in Literatur und Linguistik ablegen sollte, war es mir auf einmal unmöglich, mich weiter mit Linguistik zu beschäftigen. Mich ärgerte und langweilte, so sah ich es damals, ein Fach, das keine Kriterien hatte, zwischen einem Werbetext und einem Gedicht zu unterscheiden. Also machte ich die prüfungsrelevanten Mediaevistikscheine und suchte mir aus: Nibelungenlied, Heinrich von Morungen, mittelalterliches Passionsspiel. Aber ich hatte das Fach letztlich nicht ordentlich studiert. Das sagte ich Hermann Bausinger und bat ihn, mich zu prüfen. Er hat nur gelacht und zugesagt. Für ihn war es das erste Mediaevistikexamen nach vielen Jahren (und vermutlich sein letztes). Im Raum saß ernst im schwarzen Anzug ein beobachtender Prüfer des Oberschulamtes. Und ich habe gelernt: Eine Prüfung ist wie ein Walzer. Wenn einer von zwei Tänzern sicher führt und der andere sich führen läßt, dann gelingen diese Drehungen von Frage und Antwort. Doch wenn ein Prüfer nicht tanzen will oder pädagogisch unmusikalisch ist?

Hermann Bausingers Sätze liefen in meinem Leben immer wie ein verstärkender Beifaden mit; gerade lese ich in seinen Essays »Fremde Nähe« und finde: »Heimat, richtig verstanden, hat zu tun mit Lebensqualität. Heimat ist ein Kürzel für Orientierungssicherheit, für konstante und verläßliche Beziehungen und Erfahrungen. In diesem Sinn, als Identitätsinstrument, ist Heimat ein wichtiger Gegenpol zu den diffusen globalen Tendenzen. Dabei ist es nicht nötig, Heimat quasi kartographisch festzulegen und einzugrenzen. Wo ist die Heimat? In der Wohnung – im Haus – der Straße – dem Viertel – der Stadt – der Umgebung – dem Kreis – dem Bundesland – in der weiteren Gegend, die über die Grenze reicht – in der ganzen Republik? Antwort: überall ein bißchen und je nach Situation. Heimatbezüge und auch Heimatgefühle profitieren von der Vielfalt des Heimatlichen.«

2. Juni

Mit dem Hund gehen. Nasse Wiesen. Ein Rot beginnt aufzusteigen. Submarine Höhe. Wir laufen wie auf einem Riff, Wicken, als wogten sie unter Wasser, Fluten der Gräser. Über dem Tal ziehen Nebelschwaden die Bergrücken entlang. Die Gipfel sind weiß.

Später blättere ich im Abonnentenmagazin der Zürcher Oper; es lag diese Tage der Neuen Zürcher Zeitung bei. Auf dickem, geschmeidigem Glanzpapier ganzseitige Portraitcollagen von Sängern, Dirigenten, Tänzern. Ich ertappe mich dabei, wie ich am Papier schnuppere, als müsse es gut riechen. Hauch eines sehr anderen Lebens. Und doch, einige der Gesichter könnte ich mir gut im

Dorf vorstellen. Ich blättere und dann blättere ich zurück.

Ein Satz springt mich an: »I'm an interpreter in six languages, but I had help to book a French restaurant.« American Express macht Reklame für die Platinum-Kreditkarte. Ich verstehe die Zeile nicht. Warum braucht jemand, der in sechs Sprachen dolmetschen kann, Hilfe, um einen Tisch in einem französischen Restaurant zu buchen? Ich schaue auf die Photographie, die die ganze obere Hälfte der Seite einnimmt. Sie zeigt eine Familienszene um einen Tisch. Das Ich, das spricht, ist Jacqueline Mueller, Dolmetscherin, Mutter. Sie blickt dem Betrachter der Anzeige mit selbstbewußtem Lächeln entgegen. Das Mädchen neben ihr, wohl die Tochter, senkt bei aufrechter Körperhaltung den Blick und lächelt in die Speisekarte, die die Mutter hält. Die beiden weiblichen Personen im Zentrum des Bildes sind scharf gezeichnet; die männlichen Figuren, Vater und Sohn, erscheinen nur an den Rändern, unscharf und im Halbprofil. Während der Sohn lächelnd in Richtung Vater sieht, wirkt das Lächeln des Vaters wie in die Szene hineinretouchiert, es bleibt umfassend diffus. Warum die Familie lächelt, erklärt das Bild nicht. Jedenfalls haben sie zu viert nur eine Speisekarte.

Der Textblock erklärt: »I speak French fluently, but that didn't open any doors when I tried to book a table at the finest place in town. When I asked American Express to see what they could do, all they asked was how many were in my party and what time we would prefer to dine.« Das fließende Französisch der Dolmetschermutter mit dem französisch-deutschen Namen öffnet ihr nicht die Tür ins feinste französische Restaurant der Stadt. Ein Anruf bei American Express aber genügt, und sie bekommt, was sie will. Ich verstehe: »the finest place in town« ist immer ausgebucht. Um da hineinzukommen, braucht es eine Platinum-Kreditkarte. Zwei Zeilen fassen zusammen: »My life is about reaching understandings. My card speaks my language.« Es ist die alte Botschaft: Geld öffnet Türen, wo das Wort keine Chance hat.

Aber wie sieht es aus »at the finest place in town«?

Die Farbigkeit der Photographie ist in Brauntönen gehalten. Um einen viel zu kleinen Tisch sitzen vier Menschen, die sich nicht ansehen. Der sehr blasse Vater dürfte eher ein Nordeuropäer sein, während Mutter und Tochter mit den mandelförmigen Augen südlich wirken, auch zum Beispiel indische Vorfahren haben könnten. Diese Familie ist eine heimatvariable, multinationale Gemeinschaft.

Was gibt es zu essen? Die weißen Teller sind leer, vier Gläser sind gefüllt mit Wasser. In der Mitte steht ein durchsichtiges Pfeffer- und Salzstreuer-Set. Der Raum wirkt transitorisch. Es könnte sich auch um eine Autobahnraststätte, ein Flughafenbistro handeln.

Wer möchte an so einem Tisch sitzen?

Ich befürchte, meine Irritation ist rettungslos naiv. Es geht ja nicht um Sinnlichkeit, um Genuß. Hier will keiner essen. Niemand sucht ein gutes Restaurant. Der

Raum, den man betreten soll, ist die Karte selbst: »My life. My card.« Damit hat sich auch das Sprachparadox geklärt.

Ich zeige Manfred die Anzeige. Sicher, sagt er, hier wird Heimat angeboten als Kreditkartengemeinschaft. Die Familie ist fröhlich; sie begeht ein fetischistisches Ritual. Gott ist nicht tot, er ist viereckig, fünf auf acht Zentimeter, ein Stück Plastik, auf dem Platinum steht.

Ist eine Kreditkarte vielleicht auch eine Oblate? frage ich mich.

3. Juni

Stolpern querfeldein über Präpositionen. Ich brauche die Formulierung »am Klavier«, ich schrieb »pro'l clavazin«, Matthias hatte das so gesagt. Esther sagt, das hieße aber: neben dem Klavier. Sie sagt, probiere etwas mit »sunar clavazin«, Klavierspielen. Aber ich brauche das Wort »sunar« schon für die Schlußzeile.

Dann sagt sie »vi dal clavazin«, analog zu »vi da la maisa«, am Tisch. Oder: »al clavazin«.

Auf Deutsch (das Gedicht funktioniert im Romanischen über die Nähe von »clavazun«, Engerling, und »clavazin«, Klavier) würde mein Gedicht etwa so lauten:

Die Metamorphose des Engerlings oder Idas Idee

Sie war
das Mädchen,
das am Klavier
sterben wollte.

Heute spielt sie.

Romanisch:

La metamorfosa dal clavazun, o L'idea d'Ida

Ella d'eira
la mattina
chi vulaiva
murir
al clavazin

Hoz suna ella

4. Juni

Ich sollte mit einer Sammlung von Zufällen beginnen, die sich keine Literatur, nur das Leben leisten kann.

Am Brunnen erzählt mir Uorschla, daß sie, als sie jung war, in Familien Kinder gehütet habe. Ein Jahr sei sie auch in Amerika gewesen. Wo? frage ich. In

Vermont, sagt sie. Vermont, rufe ich, das gibt es nicht! Doch, sagt sie, in Burlington. Dort sei es schön.

Wir fliegen diesen Sommer auch nach Amerika, sage ich, zum ersten Mal. Und weißt du wohin? Nach Vermont, Burlington! Dann mieten wir ein Auto und fahren nach Middlebury zum Unterrichten. Ach, sagt Uorschla. Komm mit, sage ich, hüte Matthias. Sie lacht. Natürlich geht das nicht. Es ist die Zeit des Heuens und sie hütet die Enkel zu Hause. Aber für eine Hundertstelsekunde blitzte die Idee der Möglichkeit in ihren Augen auf.

Uorschla und ich sitzen in ihrer Stube. Die Wände sind mit Arvenholz ausgekleidet. Durch die Leinenvorhänge kommt das frühe Licht.

Wo fangen wir an? sagt sie.

Uorschla ist Bäuerin. Ihr Mann Curdin und ihr Sohn Jöri, der Mann der Architektin Seraina, die wiederum die Mutter von Matthias' Mitschülerin Urezza ist, haben zusammen 23 Kühe und einen Stier. Sie pflegen und mähen Wiesen.

Vielleicht im Frühjahr, sage ich. Misten, sagt sie. Mist ausführen, mit der Egge nachziehen. Wiesen aufräumen. Die steilen Wiesen liegen auf Terrassen, die mit Steinabsätzen befestigt sind. Die Steinabsätze sind nicht so tief beschneit, hier wächst immer noch etwas, deshalb kommen die Hirsche im Winter hierher und suchen sich Futter. Dabei werden die Steine locker und rutschen ab. Man muß sie auflesen, wieder auf den Haufen tun. Die Kühe auslassen morgens um 7 Uhr, abends wieder reinholen, gegen 17 Uhr. Ihre Klauen schneiden, damit sie schön drauf stehen können.

Ab Juni dann werden die Kühe auf die Alp gebracht, auf die Wiesen gegen Vastur, Larschs, Darsüra, Muschna, Tanter Uals, Taslaina, Soèr. Wenn eine Weide abgegessen ist, wechselt man zur nächsten. Die Kühe schlafen draußen. Ein Hirt ist bei ihnen? Ja, sagt Uorschla. Sie haben den Hirten über die Zeitung gefunden. Er kommt aus der Gegend von Zürich. Seine Eltern haben ein Ferienhaus hier. Er ist ein Bioinspektor, er hat seine eigenen Kühe dabei. Wie? frage ich. Na, eben mit dem Lastwagen hat er sie gebracht, sagt Uorschla. Da machen die Zürcher Kühe also Ferien auf der Unterengadiner Alp, denke ich, und mir fällt ein, daß Not Vital einmal Schafe aus dem Engadin mit der Rhätischen Bahn nach Chur hat fahren lassen. Die Chromstahlabsperrungen, die er für die Zugabteile brauchte, halten heute seinen Kompost im Parkin zusammen.

Ich lerne, es gibt Heimweiden, meist am Stall, sie werden nur einmal im Herbst ausgeputzt. Und es gibt Wiesen. Eine Wiese wird nicht nur abgeweidet, sie wird gemäht. Und es gibt Kunstwiesen, das sind meist tiefergelegene, umgegrabene Äcker, in die schnellwachsendes Gras gesät wird, für die Silage, das durch Milchsäure konservierte Gärfutter. Es gibt Wiesen, die gedüngt und zweimal gemäht werden, und Bergwiesen, die Trocken- oder Magerwiesen, die nicht gedüngt und nur einmal gemäht werden. Die Bergwiesen sind mehr Handarbeit, sagt Uorschla, weil sie steiler sind. Auf den tieferen Wiesen können Maschinen mähen, zetteln, zusammenwerfen und die Mahden einsammeln. Die Frauen rechen dann nur noch einmal der Spur der Maschine nach. Die hohen Bergwiesen werden zwischen Mitte August und Anfang September gemäht. Alpabzug ist dann Ende September. Früher hatten sie Milchkühe, jetzt haben sie Mutterkühe für Fleisch. Ich frage, ob das nicht schwierig sei. Nein, sagt sie, auch bei den Milchkühen werden die Stierkälber an Mastbetriebe verkauft. Und Mutterkühe müsse man nicht so zwingen. Eine gute Milchkuh soll ja am Tag 30 Liter Milch geben! Die Kühe werden im Dezember oder Januar zum Stier geführt. Nach neun Monaten werden Kälber geboren. Aber Livio, der Stier, läuft frei herum. Wenn die Kälber zehn Monate alt sind, werden sie verkauft.

Im Herbst kommt wieder Mist auf die Wiesen. Die Kühe leben jetzt im Stall, zum Teil auf den Heimweiden.

Das ganze Jahr über wird geholzt. Uorschlas Familie kauft einen Lastwagen voll Stämme, die zerkleinert werden. Wenn die Sonne scheint, brauchen sie weniger, denn sie haben Sonnenkollektoren und Speicher auf dem Dach. Im Winter wird im Stall gefüttert. Sie rechnet zweimal zwei Stunden am Tag Stallarbeit. Heu rüsten, Maschinen pflegen, nach den Kühen schauen. Wenn man nicht aufpaßt, kann viel passieren. Im Winter arbeitet ihr Sohn Jöri aber auch noch auf der Motta Naluns bei der Bergwacht.

Ich frage Uorschla, welche Arbeit sie am liebsten macht. Sie schaut mich an. Dann sagt sie voller Überzeugung, sie arbeite gerne. Ich weiß, daß sie Sirup aus Holunderblüten herstellt, Salben aus Huflattich, Ringelblumen, Johanniskraut. Hustentee aus Huflattich, Tees aus gesammelten Blumen und Kräutern: Schlüsselblumen, Thymian, Brennessel, Minze. Konfitüren aus Himbeeren, Johannisbeeren. Sie trocknet Apfelschnitze und Erdbeerscheiben.

Vielleicht, sagt sie, würde ich am liebsten ein Buch lesen. Aber wenn du mich nach der Arbeit fragst, dann muß ich sagen, ich mache alles gern.

Uorschla ist in Scuol geboren und aufgewachsen. Ihre Eltern waren Bauern, sie hatte fünf Brüder. Als ihre Großmutter, die im Haushalt half, starb, war Uorschla neun Jahre alt. Auf einmal mußte sie die Arbeitskraft der Großmutter ersetzen. Ich stieg auf einen Schemel, damit ich im Topf auf dem Herd rühren konnte. Mit 16 ein Haushaltsjahr in Frankreich, dann Bäuerinnenschule in Schiers, ein Jahr als Schwesternhelferin im Krankenhaus in Scuol. Im Sommer Heuen. Mit einem kleinen Ladewagen, dem Traktor Rapid, und zwei Pferden, Nino und Flora. Sie war Kindermädchen und Haushaltshilfe in Bad Ragaz, später in Wädenswil bei einer Familie, die ihre Sommer in Nizza verbrachte. Zuletzt das Jahr in Vermont.

Ich frage nach der Familie in Vermont.

Die Mutter sei eine Protestantin aus Pontresina gewesen, der Vater entstammte einer jüdischen Familie.

Das Paar hatte drei kleine Kinder. Der Vater sei Atomphysiker gewesen, sehr intelligent, sprachbegabt, er habe sehr, sehr gut Romanisch gesprochen. Er sei dann verstrahlt worden. Das habe sie aber erst später erfahren. Ich frage nach. Sie zögert. Er habe sich das Leben genommen. Wenn er weitergelebt hätte, hätte er sich immer hinter Glas aufhalten müssen, um seine Familie nicht zu gefährden.

Samstag, 5. Juni

Heute morgen Sonne und blauer Himmel. Kleine weiße Wolken. Die Wiesen beginnen nach Wiese zu riechen. Eine warme Süße. Die Idee von Honig. Der Hund gräbt seine Schnauze in die Gräser, die Blumen, wälzt sich.

Gestern kam Manfred aus Chur zurück. Esther hat für das romanische Radio eine Sendung mit dem Romanischprofessor Clà Riatsch und Manfred gemacht »Duos professors ed üna balla«, zum Fußball und zur Fußballweltmeisterschaft. Esther hatte Manfred die Fragen zur Vorbereitung geschickt, aber Manfred sagt stolz, in der Sendung habe er romanisch improvisiert. Später am Telephon sagt Esther, ja, es sei alles gut gegangen. Sie habe alle »ähs« rausgeschnitten. 125 Schnitte habe sie gemacht.

Konzert des Chor-Projekts in der Kirche. Lehrer Andri organisiert alle zwei Jahre ein Programm, das Erwachsene aus dem Dorf mit Schülern der 5. und 6. Klasse zusammen singen. Dieses Jahr war es ein Schlager-Konzert (von den Comedian Harmonists, »Mein kleiner grüner Kaktus«, bis zu den Prinzen, »Alles nur geklaut«, dazwischen aber auch »Engiadina« von Paulin Nuotclà und »Am Himmel stoht es Stärnli«). Die Kirchenbänke sind dicht besetzt. Ich finde es immer wieder erstaunlich, daß das Dorf zu solchen Anlässen dann auch kommt. Risch Biert, Sohn von Angelica, am Flügel. Klarinette und Saxophon Domenic Janett, von den »Fränzlis da Tschlin« (der traditionsreichen und weit über das Engadin hinaus bekannten Musikgrupppe), Dirigent Jachen Janett, Gesangslehrer an der Musikschule des Oberengadins.

Das nächste Chor-Projekt soll es schon nächstes Jahr geben: Joseph Haydn, Missa brevis in F, und Michael Aschauer, Missa anima integra. Manfred, Matthias und ich singen mit.

Auf dem Heimweg schaut Uorschla gegen den Nachthimmel und sagt: Es ist der erste warme Abend des Jahres; es ging so schnell.

Sonntag, 6. Juni

21.15 Uhr, Matthias war im Freibad in Scuol, jetzt spielt er noch draußen. Er ist nicht ins Bett zu bekommen. Die Kinder sind wie aufgeladen. Mit einer Plötzlichkeit ist der Sommer da. Niemand will schlafen. Der Flieder blüht und duftet in den Straßen. Die Schwalben fliegen zickzack. Der Schnee liegt in letzten Flecken auf den oberen Bergrücken. Die Hänge des Piz Pisoc sind noch marmoriert, von der Lischanagruppe kommt das Weiß die graugrünen Furchen herunter, wie gegossen.

Ich habe die Engadiner Hängenelken in den Kästen auf die Fensterbretter gestellt.

Auf einmal steht Not in der Tür. Er trägt einen Strohhut, ein gelbes Jackett, kurze schwarze Hosen, blaue Schuhe. Seine nackten Beine sind voller Sommersprossen. Er spult seine Leporelloliste der bereisten Orte herunter. Chinesische Topographien, aber auch Italien, Lucca, Österreich. Nächste Woche London.

Montag, 7. Juni

Der erste Klatschmohn blüht am Straßenrand.
    Am Abend gehe ich mit dem Hund. Sonne, Quellwolken, die Wiesen in buntgrünen Wellen. Es beginnt zu regnen. Der Regen ist ganz warm. Quai es ora da

crescher, sagt Uorschla, als ich an ihrer offenen Türe vorbeikomme, ein Wetter zum Wachsen. Das ist gut für die Alpen, sagt sie.

Brigitte hat mir Rhabarber in den Hausflur gelegt. Saft, Marmelade oder eine Wähe machen? Kauf ein paar Erdbeeren dazu, sagt Uorschla, dann wird es süßer. Bis bei uns im Dorf Erdbeeren reifen, dauert es noch lange. In Sent liegt vermutlich das höchste Erdbeerfeld Europas. Letztes Jahr habe ich noch bis gegen Ende August gepflückt. Es war schon abgeerntet, der Verkauf war vorbei. Aber die Erdbeeren wuchsen immer noch nach. Am Rand des Feldes stand ein Kässchen, und man warf so viel Geld hinein, wie man dachte, daß es richtig sei.

Dienstag, 8. Juni

14 Uhr, Andri kommt im kurzärmeligen Hemd über den Dorfplatz. Er spricht kurz mit den Bauarbeitern, die gerade den Brunnen ausbessern. Als Treuhänder verwaltet Andri einige Häuser von Randulins. Zwei will er mir von innen zeigen.

Gleich am Platz schließt er eine unscheinbare Tür auf, die in einen kleinen Palazzo führt. Das Haus gehört einer Familie aus Florenz. Andri läßt mich vorgehen. Statt eines großen Flurs beginnt eine Treppe, die sofort in ein zweites Stockwerk hinaufführt. Siehst du, das ist kein Engadiner Haus, sagt er, da: ein geschnitztes Treppengeländer, hier: italienische Möbel, messingbeschlagene Truhen. Tapeten.

Anoraks hängen an einem Kleiderhaken, Teleskopstöcke lehnen an einer Wand. Andri öffnet einen italienischen Speisesalon, Zimmer mit Betten, in denen man schlafen könnte, dann wieder Ecken, Vitrinen, in denen alte Dinge rührend verloren wirken. Dieser Krug, diese Pfanne, stehen sie schon da wie in einem Museum? Oder kommt noch jemand, um sie zu füllen?

Wir gehen zurück über den Dorfplatz und unterhalb der Kirche in eine Gasse hinein. Vor einer Fassade, die noch Reste einer alten Bemalung zeigt – dunkle Ornamente, die abblättern –, bleiben wir stehen. Genua, sagt Andri und geht voraus. Es öffnen sich Zimmerfluchten zum Verlaufen. Alte Bilder, Vorhänge, Betten, Salons. Schweres Leinen liegt auf Truhen, Andri zieht eine Schublade auf, Aussteuer für Prinzessinnen. Eine kleine Werkstatt, in der keiner mehr arbeitet, die Hobel in allen Größen sind aufgereiht. Eine Kiste voller Seile, die aus Lederstreifen geflochtenen sind. Wir gehen durch weitere Zimmer, Stuben, Salons, Schlafzimmer, auf die immer noch weitere Räume folgen und gläserne Flure, durch die man hindurchsehen kann; wir stoßen auf Zimmer, durch die wir schon gegangen sind. Andri zeigt mir eine Hutschachtel mit der Aufschrift »Pasticceria Defilla, Chiavari«. Provinz Genua, sagt er, ein weltberühmtes Café. Das Haus gehört der Mutter, sagt er, es gibt einen Sohn, eine Tochter, die auf Reisen sind. Die Mutter hätte nichts dagegen, das Haus zu verkaufen. Am Boden stehen Schachteln, gefüllt mit alten Briefen. Siehst du diese eingefrorene Italianità?

Er führt mich in den riesigen Gewölbekeller, er zeigt mir den Stall. Hier ein Hotel machen! sagt Andri, nicht auf der Wiese ein neues bauen. Auf der Wiese ein neues Hotel bauen, das kann jeder.

9. *Juni*

Bedeckter Himmel, verwaschener Indigoton gegen das S-charl-Tal. Blaue Löcher im Dunst, an den Rändern das Weiß von konturierten Wolken.

Rhabarbersaft nach einem Rezept aus dem Internet gekocht. Klassisch. Einen Hocker umgedreht und die gekochte Rhabarbermasse durch eine Windel laufen lassen. Den Saft mit Rohrzucker aufgekocht. In ½ l-Flaschen abgefüllt. Überraschendes Rosa. Eine Flasche habe ich Uorschla geschenkt. Sie hat ein kleines bißchen gestaunt.

10. *Juni*

Festa d'uffants 2010. Alle neun Jahre (damit es jedes Kind während seiner Schulzeit einmal erlebt, früher alle acht Jahre, weil die Schulzeit kürzer war) feiern die Schüler der Unterengadiner Dörfer Ftan, Tarasp,

Scuol, Sent, Ramosch, Vnà, Tschlin, Strada und Martina einen Tag zusammen. Diese Tradition besteht seit über 100 Jahren. Dieses Mal organisiert Sent das Fest, unter dem Motto »Begegnung«. Rund 450 Schüler versammeln sich unten am Inn auf der Waldlichtung Tramblai, die mit selbst genähten und bemalten, hohen Fahnen umsteckt ist. Die Kinder tragen einfarbige Hemden in verschiedenen Tönen: hellblau, grün, gelb, orange, rot. Die Helfer sind hellgrau. Es werden Teams zusammengestellt, die aus 18 Schülern der unterschiedlichen Altersstufen (1. bis 9. Klasse) bestehen. Sie besuchen die verschiedenen Schulen. Die meisten Schüler lernen sich in ihrer Gruppe erst während der Spiele kennen. In zwei Großgruppen (Waldtiere und Vögel) absolvieren sie gegenläufig einen zwischen der Lichtung und dem Campingplatz von Sur En im Wald aufgebauten Parcours. Matthias ist bei den Muntanellas, den Murmeltieren. Es gibt auch Hasen, Füchse, Dachse, Marder, Wiesel, Eichhörnchen, Rehe, Hirsche, Gemsen, Steinböcke und Bären. Und in der Vogelgruppe: Adler, Sperber, Schwalben, Raben, Schneehühner, Geier, Lerchen, Meisen, Finken, Dohlen, Spechte. An den verschiedenen Stationen sägen die Kinder Holz, schieben mit verbundenen Augen eine Schubkarre, bewegen sich zu viert auf überdimensionalen Skiern, schlagen Nägel mit der Hammerspitze ein. Sie stellen pantomimisch Dinge, Berufe, Tiere dar: eine Krawatte, einen Coiffeur, einen Frosch; sie bauen aus winzigen Hölzern einen möglichst hohen Turm, sie hüpfen im Sack, fahren mit

Mountainbikes über Stock und Stein, sie balancieren. Sie kämpfen, sie sind geschickt, sie halten zusammen. 45 Lehrer und Helfer aus dem Dorf haben seit Wochen die Stationen vorbereitet.

Jede Gruppe hat auf der Lichtung von Tramblai einen Versammlungsplatz unter ihrem Tiernamen. Hier packen die Kinder ihre Brote aus. Während des Festes kann man außer Apfelsaft und Wasser nichts kaufen.

Am Ende zeigen die Kinder zusammen eine in den verschiedenen Schulen einstudierte Tanzformation. Die Siegerplätze werden ausgerufen, der Reihe nach dürfen sich alle Waldtiere und Vögel ein Eis abholen.

Die Senter Schüler haben sich morgens um 7.30 Uhr beim Fußballplatz getroffen und sind von dort eine Stunde nach Sur En hinuntergelaufen und weiter bis Tramblai. Um 8.45 Uhr begann das Fest. Nach 16.00 Uhr war es zu Ende.

Zu Hause geht Matthias direkt zum Sofa, legt sich hin und schläft sofort ein.

Freitag, 11. Juni

Mit dem Hund gehen. Leichter Wind, die Wiesen wogen, seidiger Klatschmohn an den Rändern, Teppiche von wildem Thymian, Flächen von so blauem Wiesensalbei, daß es in den Augen weh tut. Leicht dunstig, aber warm. Der Hund wälzt sich in den Blumen. Ich lasse ihn nur von der Leine, wo die Wiesen nicht abgezäunt, also eher wild sind, wo sie steil abfallen. Eine Photographin kniet selbstvergessen in den Blumen. Auf dem Rückweg sehe ich, wie sie aufsteht. Sie dreht sich um, sieht mich an mit einem Blick völliger Verklärung. Sie hat die Figur einer Radrennfahrerin; ihre Beine sind braun.

Die Kastanien an der Allee nach Val Sinestra zeigen hohe weiße Blütenstände. Ein Surren, Summen ist in der Luft, die Vögel sind aufgeregt.

Da Sent am Hang liegt, gibt es in den Gassen immer wieder hochgemauerte alte Gärten. Jetzt scheinen sie von Blumen überzuquellen. Aus den Steinen springen Polster von weißen Steinnelken und gelbem Steinkraut. In den Gärten beginnen Pfingstrosen zu blühen und Feuerlilien.

Ein Moment der Stille: In das Läuten der Kuhglocken ruft ein Kuckuck hinein.

Gegen Abend. Christof, der Architekt, holt mich zu einem Dorfrundgang ab. Wir beginnen in seinem Haus, das uns gegenüber, oberhalb der nach Norden ansteigenden Gartenzeile der Straße, liegt. In ein altes Engadiner Haus hat er einen neuen Holz- und Glaskörper hineingesetzt. So blieb nach außen die ursprüngliche Architektur erhalten. Die Idee für die Gestaltung der Innenräume orientierte sich an Bauernfamilien, die hier einmal mit ihrem Vieh unter einem Dach lebten. Auch er wollte Wohn- und Arbeitsräume verbinden. Das Haus im Haus ist vollständig umlüftet. Im Zentrum ist Platz für ein großes Architekturbüro mit Zeichentischen, daneben gibt es Spielräume für kleinere Büros oder Feriengäste, mit Küchen und Bädern, die durch Wände, die gleichzeitig Türen sind, gegeneinander abgegrenzt oder miteinander verbunden werden können. So werden Räume je nach Bedarf klein oder groß. Eine drehbare Wendeltreppe mit einer nach oben abschließenden, halbrunden Wand kann einem Zimmer wie eine Tür Schutz geben. Sie läßt sich aber auch so drehen, daß die Stufen noch ein wenig höher hinaufführen bis zu einem Dachfenster, durch das man die Sterne beobachten kann. Der Umbau, den er mit einem Freund realisierte, bekam 2001 die Auszeichnung »Gute Bauten Graubünden. Denkmalpflege und Heimatschutz«.

Wir gehen durchs Dorf.

Seit der Öffnung des Vereinatunnels 1999, sagt Christof, sind die Immobilienpreise in Sent um etwa ein Drittel gestiegen. Seit diesem Jahr gibt es in Sent mehr Ferienwohnungen als Wohnungen für Einheimische. Die Gemeinde arbeitet an neuen Bestimmungen, so soll etwa, wer einen Neubau plant, 30% oder 100 qm des Objekts für Einheimische zur Verfügung stellen. Aber das Gesetz ist noch nicht beschlossen.

Vom Ostrand des Dorfes gehen wir in die Wiesen hinein. Man müßte Siedlungen neu erfinden, sagt Christof, das enge Wohnen, das Zusammenwohnen kann auch schön sein. Es muß nicht jeder in einem freistehenden Haus leben, mit einer großen Wiese drumherum. Siehst du das Haus dort? Das sieht aus wie die Häuser im Bergell, wie aus Steinen gemauert. Es paßt nicht hierher. Und es ist auch kein gemauertes Haus. Es ist ein Betonbau; die Steine wurden drangeklebt. Es hat winzige Fenster, wie ein Bunker. Und es hat keine Tür. Aber eine Garage, von dort kommt man mit einem Aufzug hinauf. Die Besitzer kommen aus Zürich; sie arbeiten bei einer Bank.

Wir gehen weiter hinunter ins alte Dorf. Man diskutiert nur über das Geld, sagt Christof, und verschenkt neue soziale Ideen. Die Gemeinden bräuchten künstlerische Berater. In Sent gibt es noch gewachsene Gassen, die sich aus den Bedürfnissen ergaben. Du siehst immer wieder die alte Engadiner 3-Raum-Anlage mit Flur: Küche, Stube, Vorratskammer. Riesige Speicher gegen Süden, für das Heuvolumen, gewohnt wurde gegen Norden. Dazu kam dann die Idee der Palazzi. Es gibt so schöne Plätze in Sent, sehr italienisch. Und die Gärten von Sent.

Wir gehen weiter. Siehst du das? Ich sehe nichts. Das war der Schweizer Architekt Max Dudler, er hat das alte Haus so umgebaut, daß es nicht auffällt. Aber innen ist es neu. Er hat in den riesigen Stall eine Ebene wie einen großen Tisch eingezogen. Auf dem Tisch und unter dem Tisch wird gewohnt.

Christof ist 1958 in Baden im Kanton Aargau geboren. Er habe 20 Jahre dort gewohnt, aber nie ein Verhältnis zur Landschaft bekommen, obwohl sie sehr schön sei. In Sent sei das sofort anders gewesen. Und hier gefällt ihm das, was er das »Unschweizerische« nennt, die fremde Sprache, der Einfluß der verschiedenen Baukulturen. Der Mythos Engadin, sagt er, beruhe zu 90 % auf Fremdeinflüssen.

Bedrohlich seien weniger die Familien, die sich eine Ferienwohnung kaufen. Schlimmer seien die Spekulanten. Nachdem das Oberengadin praktisch ausverkauft ist, werde damit begonnen, im Unterengadin Geld zu parken. Nur weil einer zu viel Geld hat, muß er hier nicht die schöne Landschaft verbauen.

Mir fällt Armon Planta ein, der Senter Lehrer, Archäologe, Lyriker, der bereits in den sechziger Jahren vehement gegen den Ausverkauf der Heimat und die Ausbeutung der Natur geschrieben hat. Seine Witwe lebt noch in Sent, eine schmale, freundliche Frau, an deren Häuserwand Spalieraprikosen wachsen. Esther besucht sie manchmal. Esther hat gesagt: Armon Planta hat mich sehr geprägt. Als er gestorben ist, ist meine Uhr stehen geblieben. Ich glaube sonst nicht an solche Sachen.

Einmal hat mir Esther das Gedicht »Passlung« von Armon Planta zusammen mit ihrer Interlinearübersetzung geschickt. Manfred hat es übertragen:

Langlauf

Über die Fluren
den Fluß entlang
hat der Bodennebel
Girlanden
aus Rauhreif
an die Erlen gezaubert
und ein Tuch
aus Kristallen
auf den Schnee
gewebt

Dort
wo
die Sonne
hinreicht
glitzert
alles
glänzt
und blendet
den Menschen, den Langläufer
der eilt
mit eleganter Stärke
federleicht
durch die verzückte Landschaft
unter einem Himmel aus Bläue

Später in der Kirche in Vnà. Die Lia Rumantscha zeigt eine Montage aus kleinen Filmabschnitten von Rosa Brunner. Sie hat in den Jahren 1941 bis 1951 ihre Familie und das Leben in Lavin gefilmt. Stumme Bilder, grieseliges Schwarz-Weiß, Botschaften aus einer nahen, verschwundenen Welt: zwei Pferde ziehen den Pflug über einen Acker, zwei Männer helfen ihnen von hinten; sie schieben mit aller Kraft. Eine Mutter flicht ihrer Tochter die Zöpfe. Ein Mädchen wirft Heu mit der Gabel auf. Kühe trinken am Dorfbrunnen. Ein Pferd wird gestriegelt. Ein Mädchen schmiegt sich zärtlich an den Hals und die Brust des Pferdes, lächelt dabei in die Kamera. Heu wird auf große, helle Tücher geworfen, das Heu mit den Tüchern zusammengebunden. Ein Mann schultert den riesigen Ballen. Er ist ganz klein, er schwankt, muß das Gewicht ausgleichen. Dann: Kühe ziehen Holzschlitten durch den Schnee. Ein Schwein wird geschlachtet. Mit der Säge zerkleinert. Die Gedärme quellen heraus. Skiszenen. Junge Männer und Frauen tragen Holzskier den Berg hinauf. Kleine Pferdeschlitten, große Pferdeschlitten. Immer wieder Chalandamarz-Szenen. Die erste Glocke, die erste Wollmütze, dann purzeln die Kinder aus den Häusern. So viele Kinder, Glocken, Mützen. Eis wird aufgehackt. Dann wieder: Mädchen in hellen Kleidern laufen direkt auf die Kamera zu. Eine Ostertafel. Zwei Buben stoßen Eier gegeneinander. Schwarze Feierlichkeiten. Ein Hochzeitspaar in der Hochzeitskutsche. Eine Hirschkuh im Schnee. Pferde ziehen Holzstämme. Sommer auf der Alp. Dann die Schneemassen des Lawinenwinters 1951. Lautlos fräst sich in der Kirche auf der Leinwand eine schwarze Dampflok durch den Schnee.

12. *Juni*

Während ich mit dem Hund gehe, sehe ich, daß eine Herde Kühe das Postauto aufhält. Heute ist Alpaufzug.

Später: Pistenputzen. Die Eltern und Kinder der JO (»Jugendorganisation«), die während der Wintersaison jeden Samstag ganztägige Skikurse für die Dorfkinder durchführt, treffen sich an der Gondelstation in Scuol und fahren auf die Motta Naluns. Es ist kalt. Wir tragen Anoraks. Oben bekommt jeder einen Plastiksack und Wegwerfhandschuhe. Wir werden mit Geländewagen weiter hinauf gefahren, die Kinder hocken auf den offenen Ladeflächen. Ich war noch nie so früh im Jahr so hoch auf dem Berg. Anemonen, Orchideen, Enzian in verschiedenen Größen, aber nicht ein, zwei Enziane, sondern, wie hingeschüttet, eine weite Fläche voll tiefsten Blaus. Große Blüten, fedrige Glocken in hellem Lila, kleine helle Glockenblumen. Blumensterne in Gelb. Wir gehen auf Abstand die Hänge hinunter. Ich erkenne die Neigung wieder und erinnere sie als eine Schwungbewegung auf Skiern. Es sind die vertrauten Pisten, auch wenn sie ohne Schnee andere Konturen haben. Wir finden: Haargummis, Tempos, einzeln und in der Packung, runde Chipsschachteln, Schokoladepapier, Gummibärchentüten, ein Präservativ, Glasflaschen, Pet-Flaschen, eine verrostete Dose (schon von früheren Wintern), immer wieder Kippen (nicht aufgehoben) und ausgespuckte Kaugummis (aufgehoben), ein Taschenmesser, ein Handy, verrottetes Plastik von Tüten, undefinierbares Plastik, Skistöcke, Skistockteller. Sammeln als Zärtlichkeit zu den Wiesen, ein langsames Ablaufen der Hügel, die man sonst nur als Geschwindigkeit, als Schwung und Rhythmus, wahrnimmt. Unten am Hang wartet das Auto. Wir werden weitergefahren. Die Kinder hinten bei den Mülltüten auf der Ladefläche schreien jetzt den vereinzelten Wanderern und Radfahrern zu. Ihnen gehören diese Berge, die andern sind nur Touristen. Die Touristen versuchen, die Hände der Kinder abzuklatschen, die sie ihnen vom Wagen aus entgegenstrecken.

Hinterher, wieder an der Gondelstation, gibt es Bratwurst und Cervelat. Zwei Pappkisten, Senf und Ketchup, mit Plastikspender zum Drücken stehen neben dem Grill. Eine Lage Servietten. Auf den Biertischen Flaschen mit Rivella Rot. Wir schieben die Tische in die Sonne. Ich breche ein Stück von der Bratwurst ab, tunke sie in den Senf. Ich habe Hunger, und doch habe ich ein wenig Mühe zu essen.

Auf einmal ist die Szene wieder da. Ich war sechs, höchstens sieben Jahre alt. Es war der erste Tag nach der Schuleinweihung, und in der großen Pause bekamen die Schüler aus einem großen Topf eine Brühwurst auf einen Pappteller gelegt. Alle Kinder gingen mit der Wurst auf dem Schulhof im Kreis herum und aßen die Einweihungswurst. Ich fand das so aufregend, daß ich die Wurst nicht anrühren konnte. Alle aßen ihre Wurst auf. Aber ich konnte nicht in die Wurst beißen. Es war so schön, daß alle zusammen diese Wurst bekamen zur Einweihung der neuen Schule. Nach der Pause saß ich im Klassenzimmer, die anderen hatten ihre Wurst schon lange gegessen. Nur ich hockte da mit dem Pappteller und der mittlerweile kalten Wurst, die ich aus blöder Ergriffenheit nicht hatte essen können. Ich glaube, ich aß sie dann ganz schnell auf, damit sie weg war. So war aus der Glückswurst die Schamwurst geworden. Und ich verstand nicht, was ich falsch gemacht hatte.

Am Tisch lerne ich Justina aus dem Puschlav kennen, wir waren in derselben Müllsammelgruppe, sie lebt seit dreißig Jahren in Scuol. Wie ich hat sie drei Kinder, die älteste Tochter ist 26, der jüngste Sohn, Pascal, der heute auch mithilft, ist 13 Jahre. Sie überlegt, ob er in der Ski-Renngruppe der JO bleiben soll. Mit 13, sagt sie, wird es ernst. In der Renngruppe trainieren sie auch im Sommer und im Herbst. Und sie gehen ins Samnaun (dort sind die Pisten länger offen). Sie sagt, sie wäre nie in ein altes Engadinerhaus gezogen. Das sei ihr zu dunkel. Sie wolle Licht. Sie haben in Scuol gebaut, vor 14 Jahren, sagt sie, modern, große Fenster. Ihre Schwiegereltern sind, so wie sie es beschreibt, fast Nachbarn von uns. Ich sage, sie solle einmal klopfen, wenn sie in Sent ist. Ich sage, wir haben den zusammenfallenden Stall abgerissen, dann die Südseite des Wohnhauses verglast, wir haben auch Licht.

Mir fällt ein, daß Uorschla über den Wintertourismus klagte. Wie sie über uns herfallen, wie wir kaum noch Bus fahren können. Ich denke, ein Dorf ist kein Sportgerät. Als ich zu Manfred sage, hör mal diesen Satz: Ein Dorf ist kein Sportgerät, antwortet er, er habe in einem Lyrikseminar einmal Peter von Matt zitiert: ein Gedicht sei kein Turngerät. Wir lachen.

Sehr warmer Abend. Gegen 21.30 Uhr wird es dunkel. Ich habe die Blumen ums Haus gegossen. Im Garten gegossen. Gesehen, daß meine Weinstöcke kleine Trauben ausbilden, ziemlich viele kleine Trauben. Helen kommt mit Josch von der Grotta da cultura, die Saxophonklasse von Joschs Lehrer hat ein Konzert gegeben. Josch, sagt Helen, hat sehr gut gespielt. Es geht, sagt Josch. Wir stehen im Garten. Helen und Werner haben die Gartenmauer erneuern lassen. Jetzt fehlt noch der Holzzaun, schmale Latten. Helen sagt, sie will sie nicht mehr so hoch. Josch sagt, doch, sie müssen hoch sein, sonst springen die Hunde rein. Helen sagt, Hunde springen nicht über einen Zaun in einen Garten, auch nicht über einen niedrigen Zaun. Weißt du, sagt sie zu Josch, warum die Zäune früher so hoch waren? Wegen der Hirsche, sagt sie. Aber heute hat es viel mehr Leute im Dorf, viel mehr Häuser. Die Hirsche kommen nicht mehr. Und wenn einer kommt, sagt sie, dann freue ich mich. Dann soll er fressen.

(Ich denke an Idas Hirsch. Ida hat mir Hagebuttenmark mitgebracht von dem Strauch, von dem auch der Hirsch gefressen hat.)

Im Jahr 1850 hatte Sent 920 Einwohner, also ungefähr so viele wie heute, und war damit die größte Gemeinde des Engadins. Scuol hatte damals 893 Einwohner, St. Moritz nur 212. (Zuoz 405, Samedan 361.)

13. Juni, Sonntag

Die Kühe grasen jetzt höher, man hört ihr Läuten von den Hügeln herab. Es ist warm, sonnig und leicht bedeckt. Der Gipfel des Pisoc liegt im Nebel. In der Nacht ein heftiges Gewitter. Jetzt keimt in den kleinen Gärten frisch die Aussaat. Setzlinge in Reihen, Petersilie. Schönschreibübungen in Grün. Unter dem Holunder liegt ein Schaf. Im Halbschatten schaut aus einem tiefen Fenster ein Pferdekopf. Ich fahre heute nach Luzern; die nächste Woche unterrichte ich an der Journalistenschule.

Nachmittags. Manfred hat mich an den Bahnhof gebracht. Ich setze mich in ein noch leeres Viererabteil gleich hinter der Tür. Ein Radfahrer nimmt sich den

Platz mir gegenüber. Er schwitzt. Beim Abfahren winkt er nach draußen; seine Kollegen spritzen gerade ihre Räder ab. Der Zug fährt los. Er kramt ein Brot aus seinem Rucksack, legt es auf das kleine Tischchen unter dem Fenster. Er geht auf die Toilette. Als er zurückkommt, beißt er ein paarmal heftig in sein Brot und wickelt es wieder ein. Er zieht den rechten Schuh aus und stellt ihn hoch auf die Bank. Er trägt schwarze Socken. Der linke Schuh bleibt auf dem Boden. Er lehnt sich zurück und beginnt, etwas in sein Handy zu tippen. Ich rieche seinen Schweiß. Ich versuche, mich so gut ich kann zurückzulehnen, um ihn nicht zu riechen. Er dampft. Ein großer, starker Mann, Anfang dreißig. Ich sitze in der Schneise seines Gemächtes. Ich möchte fort. Ich denke, es ist unhöflich aufzustehen und sich wegzusetzen. Der Zug ist voll. Ich versuche zu lesen, aber er riecht zu stark. Es ist frischer Schweiß, er hat am Morgen sicher geduscht, und er sitzt nicht absichtlich so da. Nur einfach aus selbstbewußter Unachtsamkeit. Er diskutiert mit dem Schaffner; ich verstehe, daß er nach Bern will. Ich rieche den Anhauch seines Genitals. Ausweglose Situation.

Hinter Klosters schlüpft er in seinen Schuh, steht auf. Er geht kurz weg. Er kommt zurück und nimmt seine Sachen und wechselt das Abteil. Vielleicht ist es im nächsten Waggon leerer.

Vielleicht rieche ich nach Knoblauch.

Sonntagabend Luzern, Hotel Schiff. Ich sitze am offenen Fenster, von unten die Schreie der Fußballfans. Ich höre auf dem Notebook Lieder von Paulin Nuotclà, Vallader und Gitarre, ich habe Vallader-Kassetten in unserer Scuoler Buchhandlung gekauft. »Chantunet da cudeschs« (»Kleine Bücherecke«) ist die einzige Buchhandlung des Unterengadins. Vor 15 Jahren haben zwei Frauen mit Darlehen ihrer Männer gegen jeden professionellen Rat in den Räumen eines ehemaligen Sportgeschäfts eine Buchhandlung eröffnet. Sie werden nicht reich, sagen Christiana und Anni. Das, was am Monatsende übrig bleibt, zahlen sie sich als Lohn aus. Zu zweit arbeiten sie 110 %. Sie tragen immer Strickjacken, denn sie können ihre Buchhandlung nicht richtig heizen. Ich kenne sie nur lachend. Zusammen entscheiden sie über ihr Sortiment. Für uns ist ihre Buchhandlung ein unverhofftes Glück. Bücher, die in einer Schweizer Auslieferung sind, haben wir am nächsten Tag. Sonst dauert es eben ein wenig länger. Aber wir bekommen, was wir brauchen. Auch eine Buchhandlung ist Heimat. Und eine sichere Verbindung zur Welt.

Ich habe auch wieder Esthers CD »Top Memoria. Lirica rumantscha« dabei. Immer bin ich froh, wenn ich einen Halbsatz verstehe und manchmal auch einen Satz. Es gibt ja kurze Sätze.

Ich möchte ein Gedicht schreiben, etwa »Ökologische Wortschatzübung«, ein Spiel mit den Namen der Blumen, die wir auf den gerade schneefreien Hängen gesehen haben, groß und gelb, rosa, blau, flimmernd, wie sie überraschend schön und selbstverständlich da waren und dazwischen das, was wir an Müll gefunden haben, an Abgebrochenem, Abgefallenem, Verlorenem, Ausgespucktem, Weggeworfenem. Dabei nicht vergessen: die Pfiffe der frisch erwachten Murmeltiere.

Nein, nicht wirklich Angst vor dem Unterricht morgen.

16. Juni

Hupen in Luzern. Als das 1:0 für die Schweiz im Spiel gegen Spanien fiel, rief ich Manfred an, er solle den Fernseher einschalten. Er hatte am Mittag gesagt, er müsse arbeiten, er könne nicht fernsehen. Jetzt kann er es nicht glauben. »Wir werden Weltmeister«, ruft er. Und weiß, daß das nicht stimmt. Das Glück des Außenseiters. Das reinste Glück. Ein Glück, das Sieger nicht kennen.

Samstag, 19. Juni

Sent. Der Hund kommt aus der Wiese, in seinem Fell die blauen Blüten vom wilden Salbei.

Uorschla gibt mir die kleine Glasflasche zurück, in der Rhabarbersaft war; sie hat sie mit Holunderblütensirup gefüllt.

21. Juni

Sommeranfang, wir tragen Wollpullover und Anoraks. Es schneit fast bis hinunter ins Dorf.

Am Abend Romanischunterricht mit Ruedi und Christian. In der Bibliothek ist es kalt. Ich mache die Heizung an. Wir sind schlecht und wir machen weiter. Nesa ist zuversichtlich. Ich sage, daß mir Ida einen Film über die Randulins ausgeliehen hat. Ja, sagt Nesa, auf diesem Film ist auch die Familie aus Sizilien, bei der ich war. Caflisch, sagt sie.

Es sind Netze, auch wenn man hier wohnt, man erwischt nur Zipfel der Geschichten.

Erzählst du mir einmal, wie du als junges Mädchen nach Sizilien gefahren bist, frage ich. Freilich, sagt Nesa.

22. Juni

1982 hat der Zürcher Sprachwissenschaftler Heinrich Schmid eine im Auftrag der Lia Rumantscha entwickelte Kunstsprache vorgelegt, die als eine gemeinsame Sprache für alle Romanen in Graubünden dienen soll. Sie ist vor allem als Schriftsprache gedacht, das Romanische Radio sendet jedoch auch Nachrichten in Rumantsch Grischun. Esther spricht es fließend. Bislang werden die Schulbücher in Graubünden in allen fünf rätoromanischen Idiomen gedruckt, in sehr niedrigen Auflagen. Das ist teuer. Nach einer Übergangszeit von

20 Jahren soll Rumantsch Grischun die Schriftsprache der Schulbücher sein. Wenn ich Esther frage, sagt sie, das Rumantsch Grischun sei eine praktikable Möglichkeit, das Romanische zu unterstützen. Wenn ich Leta, die Lehrerin, frage, sagt sie, das Rumantsch Grischun komme zu spät. Die romanische Sprachkompetenz in der Muttersprache sei schon zu schwach, um auch noch eine neue Kunstsprache zu lernen.

Ich denke an Hans Magnus Enzensberger, der sagte, so schnell stirbt eine Sprache nicht! Und es gebe doch immer Verrückte, die so eine Sprache neu lernten. Er sah mich an und hat gelacht.

Ich frage Cla Rauch, den ehemaligen Lehrer, der die schöne Website von Sent macht. Er sagt, wenn die Texte der Behörden in Rumantsch Grischun abgefaßt seien, könne er das schon verstehen, aber nicht die Schulbücher! Die Kinder mögen es nicht. Er habe Versuche gemacht. Die Kinder wollen die Geschichten in ihrer Muttersprache lesen. Er sagt: die Kinder lernen Schreiben in ihrer Sprache Vallader, dann kommt in der vierten Klasse Hochdeutsch dazu. Schweizerdeutsch müssen sie auch irgendwie lernen. Das sind dann schon drei Sprachen. Und dann noch Englisch. Das reiche doch.

Blauer, leicht dunstiger Himmel. Weiße gezogene Nebelschwaden. Der schneeglänzende Gipfel des Piz Pisoc liegt in der Sonne. Vielleicht kommt der Sommer jetzt. (Und wir fahren nach Amerika.)

Die kleinen, steilen Blumenwiesen im Dorf werden gemäht. Gefälltes Blau.

Anke schreibt mir Mails. Wir arbeiten weiter an unserem Knigge für Sent-Touristen.

24. Juni

Ida geht mit mir über den Friedhof. Es sind eine Handvoll Namen, sagt sie, Familien, die in zwei Linien miteinander verwandt sind. Es gibt den italienischen Zweig und den derer, die immer in Sent geblieben sind. Die meisten Gräber sind schmal, als Grabstein dient oft ein unbehauener Fels. Wir sehen auch Prachtgräber der Randulins aus dem 19. Jahrhundert. Defila, Crastan. Cafés und Kaffeeröstereien, sagt Ida, Geschäftsverflechtungen. Die eine Familie hatte die Rösterei, die andere hat den Kaffee ausgeschenkt. Dann die Corradinis. Sie besaßen eine Bank, die in Konkurs ging. Viele Senter hatten ihr Geld dort angelegt. Manche Senter Randulinsfamilien mußten nach Sent zurückkommen und wieder mit einer Kuh anfangen, oder sie blieben in Italien und verarmten dort. Die Corradinis aber blieben reich. Von den Familien, die untergehen, sagt Ida, hört man nichts, nur von denen, die Erfolg haben. Vital, Pult. Hier schau, sagt sie, das Grab des Malers Guglielmo Bazzell, 1897–1989, er hat das Engadin der Sehnsucht gemalt. Da saßen die Randulins am Meer, hatten so ein Bild von ihm und träumten sich nach Sent zurück. Er hat ganz viel gemalt, alle hatten so ein Bild. Du auch? frage ich. Nein, sagt Ida, ich hab nicht so viel Platz. Wir lachen.

Dann im oberen Teil des Friedhofs an der Nordmauer die Gräberfront der Corradinis aus poliertem Marmor. Da siehst du schon das Selbstbewußtsein, sagt Ida. Wir suchen und finden den Namen von Mara Corradini, der Malerin. Und hier, Sandri, sagt Ida, das ist die italienische Metamorphose des Namens Zonder, sie hatten ein ganz berühmtes Café in Florenz. Ida weiß von Liebesgeschichten und Selbstmorden, von Verwandtschaftsverhältnissen, die ich nicht verstehe. Die Welt besteht aus Großeltern und Cousinen und Schwägerinnen und Tanten. Und manchmal, sagt Ida, war in einem Familiengrab kein Platz mehr, da hat man einen Sarg in ein anderes gegeben, das auch irgendwie zur Familie gehörte. Die Gräber werden aufgelöst nach 25 Jahren, sagt Ida, wenn man sie nicht kauft. Und es gab immer wieder Zeiten, da konnte man keine Gräber kaufen. Wie ist es im Augenblick? frage ich. Ich weiß es nicht, sagt sie.

Es ist sonnig, aber ein kalter Wind bläst. Am Sonntag, sagt Ida, habe ich in Guarda bei einer Taufe gespielt, da lag Schnee im Dorf, am Boden.

Beim Heimweg bleibt Ida vor einer Gasse stehen. Schau, sagt sie, siehst du die Gasse? Jedes Haus tritt ein wenig zurück und erlaubt dem anderen, auch etwas zu sehen. Das ist die Mentalität der Brunnengemeinschaften. Die andere Mentalität siehst du am Dorfeingang.

Einzelne Häuer, mit Garten und Zaun, die sich gegen einzelne Häuser mit Garten und Zaun behaupten.

Ida kommt zu mir nach Hause. Ich habe griechische Hühnersuppe vorbereitet. Matthias hat Petersilie aus dem Garten geholt, aber er hat schon vorgegessen. Als wir vom Friedhof kamen, habe ich ihn unten auf dem Fußballplatz gesehen.

Abends. Der Himmel ist voller Schwalben. Segelnd, flatternd. Voller Piepsen und Zwitschern. Manfred und Matthias schauen ein Fußballspiel, Holland gegen Kamerun, ich höre es gegen die Vögel. Die Flügeltür ist offen. Ich sitze auf dem Balkon und schaue auf die Berge. Das Notebook auf dem runden Blechtisch. Der Schnee läuft in Adern das Felsgestein hinunter. Weißes Blut. Sommerschnee. Oben auf den Graten Glanz. Das bläuliche Licht, das rosa Licht auf den letzten Schneefeldern. Eine leichte rosa Wolke über dem Schneegipfel des Piz Pisoc. Das Wetter bleibt also gut. Wieso fahren wir nach Amerika?
  Morgen kommt Silvia. Vermutlich sitzt sie schon im Nachtzug. Ein paar Stunden haben wir zusammen.

Kleines spätes Lichtprotokoll:
  21.28 Uhr, die bunten Farben sind verschwunden. Es ist die Stunde des wandernden Graus. Die Dächer, die Felshänge, der Himmel, die Wolken. Das Grau der Elefantenhaut, ein Fellgrau, Schuppengrau, Seegrau,

Spiegelgrau, Samtgrau, Flaschengrau, Wellengrau. Dann Löschpapiergrau gegen Osten, Seidenpapiergrau gegen Süden, Gischtgrau gegen Westen im letzten Licht. Und dann doch noch für eine ausblassende Sekunde über der Silhouette des Waldes: Gold.

21.41 Uhr, das Grau intensiviert sich in ein Blau. Weiße, nur leicht graue Schäfchenwolken. Leichter Wind jetzt. Flacher Azur über dem S-chalambert. Wolken wie auf Renaissancegemälden über der Lischanagruppe, die wie ausgeschnitten daliegt. Die Spitze des Senter Kirchturms erleuchtet. Der Piz Pisoc ein aristokratisches Siegel, das den Brief des Himmels verbürgt.

21.46 Uhr, jetzt ist es zu dunkel, um zu schreiben. Ich sehe die Buchstaben der Tastatur nicht mehr. Restlicht.

Gestern sagte Seraina, die Architektin: Ja, der Sommer hat begonnen, aber scheu. Man sagt, der Schnee muß noch einmal kommen, und dann wird es warm.

Freitag, 25. Juni

Ganz klarer Himmel, glasblau. Morgensonne. Die Berge nah. Überscharfe Konturen. Der Kirchturm scheint mit dem Felsenmassiv des Piz Pisoc verwachsen. Beim Aufstehen war das alte Kupferdach des Rezia schwarzfeucht vom Tau der Nacht, jetzt ist es schon zu mattem, buntem Grau getrocknet. Das Ziegeldach daneben glüht wie erhitzt, da, wo die Ziegel fehlen, kommt das helle Blech hervor, Brokat aus Rost.

Gestern die Jahresausstellung der Schüler in der Turnhalle. Ab Nachmittag ist sie geöffnet. Die Werkarbeiten aller Klassen sind ausgestellt. In einem zweiten Raum, wo es Kaffee und Kuchen gibt, hängen lange gerade Schürzen an der Wand. Patchworkarbeiten aus verschiedenen Stoffen. Matthias hat für mich eine Schürze genäht aus einem Stoff, der mit Erdbeeren bedruckt ist, und verschiedenen Stoffen mit Fischen drauf. Ich habe alle Fische genommen, die es gab, sagt er. Von den höheren Klassen Arbeiten in Speckstein, ein kleiner Brunnen, eine Skulptur mit einem Skateboarder, geschreinerte Regale, Holzspiele. Von den Kleinen gestrickte Pudelmützen, gefilzte Körbe. Die hohe Turnhalle ist geschmückt mit Gesägtem, Gemaltem, Geklebtem. Auf dem Klassentisch von Matthias liegen die Jahresbücher der einzelnen Kinder. Die Schüler arbeiten unter dem Jahr auf Blättern, die sie in einem Ordner aufbewahren. Nun am Ende sind alle Blätter nach Fächern geordnet und gebunden. Die Arbeit eines Jahres liegt auf dem Tisch und jeder kann darin blättern. Die Schüler zeigen, was sie versucht, was sie geleistet haben. Bis abends um 21 Uhr ist die Turnhalle offen. Man schaut, ißt und trinkt zusammen. Das Dorf feiert seine Schüler.

Heute kommen die Kinder beladen mit ihren Bastelarbeiten durch die Gassen, sie jonglieren sie auf den Köpfen, haben sie unter die Arme geklemmt. Auch Matthias wird seine Werke heimbringen. Was im Haushalt nicht unterkommt, wird aufgenommen in die Verliese des Steinkellers, wo sich schon eine bunte Gesellschaft der letzten Jahre versammelt hat: ein großer, gesägter Elch und gefaltete Enten, Sterngirlanden aus Transparentpapier, ein Riesenküken, ein Pinguin aus Pappmaché.

Wenn es mit dem Schreiben nicht weitergeht, den Hund nehmen, hinausgehen, durch die Gassen mit den dicken Häusern, die mehr erlebt haben als ich, darüber die kleine Ewigkeit der Berge und das Blau. Bis zur Kreuzung, dann dem mittleren Weg folgen oberhalb des Friedhofs, parallel zum Inn. In die Wiesen hinausgehen oder in die Ebenen des Schnees.

Die Stärke, die Sicherheit der Natur. Sie entlastet vom Ichsein. Mein Hund hat vier Beine, ich habe zwei.

Heu. Die Süße des Blumenheus. Das ganze Dorf duftet. Am Brunnen wäscht eine Nachbarin Flaschen aus. Bist du fleißig, sage ich. Ja, vor der Abfahrt, sagt sie. Sie fahren nach Chicago und zu den Niagarafällen und nach Boston. Kommt doch in Middlebury vorbei, sage ich. Sie lacht, nein, sie bleiben weiter nördlich. Wir wünschen uns eine gute Reise.

Samstag, 26. Juni

Silvia hat uns und die Koffer mit dem Auto nach Scuol gefahren. Sie bleibt beim Hund. Sie hat eine Arbeit im Hotel Val Sinestra gefunden, Frühstück richten, putzen. Ich hatte Wanda aus dem Chor, die das Hotel leitet, gefragt.

Mir ist bang. Ach Mama, sagt Silvia, es ist doch nur Amerika. Weißt du, manche Leute machen das jede Woche.

Im Flugzeug. Der kleine Bildschirm an der Rückenlehne des Vordersitzes. Die Landkarte mit dem Flugzeug-Cursor: Zürich-Brüssel-Nottingham-Manchester. Matthias sieht Alice in Wonderland. Draußen Wolken. Ich will raussehen, aber das natürliche Licht verschlechtert die Sicht auf den Film. Außerdem sieht man wirklich nur Wolken. Matthias zieht das Fensterschild wieder hinunter. Schräg vor mir hat eine Passagierin ein flaches Gerät dabei, auf dem sie ihren eigenen mitgebrachten Film anschaut. Sie trägt voluminöse Kopfhörer und dicke Wollsocken, die Schuhe hat sie ausgezogen. Sie scheint im Flugzeug zu Hause zu sein. Die Motoren sind sehr laut. Ich habe es in einem Flugzeug nie so laut empfunden. Ist es eine besonders alte Maschine oder bin ich durch die Stille in Sent geräuschempfindlicher geworden?

Ich denke an gestern abend. Wir haben erst in der Nacht gepackt. Matthias und ich teilen uns einen Koffer. Als Erstes legt er hinein: einen Fußball, eine Fußballpumpe, Fußballschuhe. Comics. Das Ladegerät für den Photoapparat, das Stromkabel für den Nintendo. Ich lege die Klaviernoten dazu, das Wörterbuch Vallader-Deutsch, die Formensammlung »Verbs Valladers«. Noch ein paar Bücher. Silvia geht vorbei und schaut auf den offenen Koffer am Boden. Ihr spinnt, sagt sie.

Matthias bringt die Kleider, die er braucht. Ich lege meine dazu. Seit Griechenland trage ich Schwarz. Im Sommer auch Weiß, und für den Hochsommer gibt es irgendwo das eine oder andere bunte Kleid. Ich lege noch Matthias' Regenjacke darauf und meine Fahrradjacke, beide sind rot. Der Koffer ist zu drei Viertel voll. Wenn ich alleine reise, habe ich nur Handgepäck. (Eine alte Jack-Wolfskin-Rucksacktasche, die leider nicht mehr hergestellt wird, und eine PC-Tasche.) Ich schaffe auch eine Woche Lesereise mit Handgepäck. Ich sehe nie wirklich gut aus, aber auch nicht auffällig schlecht. In Odessa, wo wir auf Europas größtem Freiluftmarkt, dem 7km-Markt für gefälschte Markenartikel, heimlich recherchierten, hat mir der Photograph Kirill Golovchenko ein wunderbares Kompliment gemacht. Angelika, sagte er, du bist nahezu unsichtbar.

Isle of Man – Belfast. Nach etwa zwei Stunden fliegen wir über dem offenen Atlantik. Ich kämpfe mit Matthias um das Öffnen des Fensterschildes. Er will den nächsten Film sehen, ich möchte hinausschauen. Meist setzt er sich durch, denn man sieht vor der Scheibe nur Nebel, Helle.

Später Blau. Absolutes Blau. Dann trennt ein blasses, vages Weiß das plane Blau des Himmels vom planen Blau des Wassers. Auf einmal glänzt ein beißend weißes, unregelmäßiges Klötzchen. Wir sehen ein Schiff. Kann man bei einer Transatlantikfahrt blaublind werden?

Bald mehrere Klötzchen. Inseln kommen. Unter uns liegt Amerika.

Während des Flugs lese ich Lutz Seilers Essay »Im Kieferngewölbe«, in dem er vom Wohnen und Schreiben im Huchel-Haus, Wilhelmshorst, erzählt. Er spricht von einem kleinen Fenster, dem »Auge« unter dem Dach, von dem aus man, die Treppe hinaufsteigend, für einen Moment den Findling sehen kann, den Huchel sich als Grabstein ausgesucht hat. »Der durch das winzige Fenster gerahmte Ausblick erinnert dann an Robert Frosts Gedicht ›Home Burial‹: ›The little graveyard where my people are! / So small the window frames the whole of it. / Not so much larger than a bedroom, is it?‹« Wer Frosts Pastorale lese (und den Kommentar von Joseph Brodsky), erfahre so gut wie alles von dem, was man »über Bewegung, Dramatik und die Führung des Blicks im Gedicht wissen kann. Und obwohl immer wieder auf das typisch Amerikanische in den Gedichten Frosts hingewiesen wird, erscheint mir sein ›North of Boston‹ nicht weit entfernt von dieser Gegend.« Und ich lese dies und sehe auf den Flugzeug-Cursor, der sich in diesem Augenblick von Norden kommend Boston nähert, und dann sehe ich aus dem kleinen Fenster in ein Weiß hinein, hinter dem Sent liegt.

Middlebury, Vermont. Amerika riecht gut. Der erste Eindruck nachts in Burlington die Feuchtigkeit. Erinnerung an die Tropen.

Nach der ersten Nacht will Matthias sofort in Sent anrufen. Über Skype. Ah, sagt Raffaella, die Mutter von Fabio, du bist jetzt in Amerika. Ja, sagt Matthias. Dann spricht er mit Fabio. Was, sagt Fabio, bei dir ist es neun Uhr morgens? Bei uns ist schon Nachmittag, nach drei. Das Faszinierende der anderen Zeit. Ich denke, wer noch außer diesen beiden Buben spricht im Augenblick romanisch über den Atlantik?

Sonntag

Die zweite Nacht hat es durchgeregnet. Matthias kommt morgens in mein Bett. Er sagt: Es hat geschneit. Ich sage, du meinst, es hat auf die Berge heruntergeschneit. Er grinst. Er will wieder über Skype mit Fabio sprechen. Er weiß jetzt, wie er das Programm aufrufen und welche Ziffern er wählen muß. Ich höre ihn aus dem

Nebenzimmer. Fabio fragt sofort wieder, wie spät es sei. Matthias sagt: viertel nach sechs Uhr morgens. Fabio staunt. Ob er schon Hochhäuser gesehen hätte? Nein, sagt Matthias, hier gebe es keine Hochhäuser und Barack Obama habe er auch nicht gesehen. Aber zwei lange Limousinen. Und gestern sei er in einem BMW gefahren. Ich habe gern, wie sie romanisch sprechen; sie erden mich in Amerika.

Doris wohnt im Haus nebenan. Sie hat uns in ihrem alten BMW in einen Supermarkt mitgenommen. Matthias fand das Auto wunderbar. Im Supermarkt war es eiskalt. Wir haben nicht verstanden, warum der Raum künstlich so stark heruntergekühlt wird. Wenn wir das nächste Mal einkaufen gehen, sagen wir uns, nehmen wir Jacken mit. Zu Hause ziehen wir uns an, wenn wir rausgehen; in Amerika muß man sich offensichtlich anziehen, wenn man hineingeht.

Am Abend Wein in Doris' Garten.
    Matthias sitzt vor dem Haus auf den Stufen. Er beobachtet amerikanische Autos.

Die anderen Eichhörnchen hier. Er versucht, sie anzulocken. Sie sind größer als europäische Eichhörnchen, sie haben einen breiteren Schwanz. Sie scheinen fragiler, weil sie so springen, als schwebten sie in einer kleinen Verzögerung über dem Boden.

In der Mensa des Middlebury College. Schüler und Lehrer essen zusammen an langen Tischen. Matthias ist bester Laune. Mit einem Tablett geht er immer wieder an den verschiedenen Buffets vorbei: Vorspeisen und Hauptgerichte, Fleisch, Fisch, verschiedene Gemüse, Eierspeisen, Salate, Kuchen, Obst. Hinter den Buffets wird direkt gekocht. Wir sehen die Hände der Köche, Hauben. Matthias probiert alles aus. Es gibt auch eine Eisvitrine und eine Softeismaschine und Gläser voll bunter Streusel zum Drüberstreuen. Matthias kombiniert waghalsige Speisenabfolgen. Aber er ißt sie auf. (Meistens.) Vor der Glasfront der Halle liegen grüne Rasenflächen, dahinter sanfte Hügel.

Das Frühstück nehmen alle Sprachschulen zusammen ein, zwischen 7 Uhr und 9 Uhr. Die Hauptmahlzeiten aber finden getrennt statt. Man will keine »Sprachvermischung«. Wir von der Deutschen Schule tragen lila Buttons, auf denen »GN« steht für German School. Ich achte auf die Buttons der anderen und lerne: Es gibt auch die Italienische, die Chinesische, die Japanische, die Portugiesische, die Russische und die Spanische Schule.

Matthias fragt: und wo ist die Romanische Schule? Wir werden das anregen, sage ich.

Das Middlebury-Konzept der »immersion«. Die Studierenden sollen in die zu lernende Sprachwelt eintauchen. Sie legen einen mündlichen Spracheid ab und unterschreiben einen Vertrag, daß sie auf dem Campus nur in der zu erlernenden Sprache sprechen. Das gilt auch für Anfänger. Man hilft sich zur Not mit Zeichnungen, Pantomime. Aber es ist absolut verboten, auf dem Campus Englisch zu sprechen. Die Studierenden lernen also im Unterricht, aber auch während der Mahlzeiten, in der Freizeit.

Beim Frühstück plötzlich der Gedanke: In Sent Sprachferien nach diesem Konzept des Eintauchens anbieten! Für ein, zwei Wochen könnte Sent ein romanischer Sprachcampus werden. Man müßte romanische Familien finden, die Sprachschüler aufnehmen und bereit wären, mit ihnen zu leben. Die Sprachschüler wiederum könnten sich aussuchen, welches Leben sie teilen wollen: beim Bauern, Schreiner, Lehrer, im Laden, beim Friseur, beim Bäcker. Man würde gemeinsam arbeiten, essen, auch die Freizeit zusammen verbringen. Das Ganze sollte begleitet werden von einigen Stunden Sprachunterricht am Tag und vielleicht einem kleinen kulturellen Programm am Abend. Und natürlich würde vorher ein verbindlicher romanischer Spracheid abgelegt werden: Be rumantsch! Alle die mitmachen, würden einen Button tragen »R«. Auch Geschäfte könnten dabei sein. Sie hätten dann ein »R«-Plakat an der Tür. Und die Touristen wüßten: Gerade sind die Romanischen Wochen in Sent. Dann müßten sie damit leben, daß nicht auf Deutsch ausgewichen wird. Ich wäre die erste Schülerin, die sich anmeldet. Ich müßte Uorschla überreden, daß ihre Familie mitmacht (und mich nimmt).

Campusleben. Man könnte süchtig nach so viel Jugend werden. Am Abend mit dem Auto zum See gefahren. Grüne, grüne Weiten, Hügel, am Wegrand kleine Hasen. Matthias beginnt am Donnerstag einen 2-Stunden-Kurs »Italiano per bambini«. Sein neuer chinesischer Freund, mit dem er sprachlos Fußball spielt, kommt mit.

Silvia schreibt eine Mail aus Sent (28.6.):
Die Post hier hat mittags von 15 bis 17 Uhr geöffnet. Und heute Morgen war ich auch dort, da hatte sie um 12 geschlossen. Am Samstag schloß sie um 10 Uhr morgens. Fällt Euch so was eigentlich noch auf? (Wir sind froh, daß wir überhaupt eine Post haben, bei der man übrigens auch Zugfahrkarten für Strecken in der Schweiz bekommt. Und wenn man sich die Öffnungszeiten merkt, ist es doch kein Problem!)

Meine Nase ist trocken, meine Haut auch.
(Inneralpine Trockenzone ...)

Hier wird gerade Heu zusammengerecht (wie heißt das professionell?). Daß man solche Arbeiten, die – sieht man sich die Größe dieser Heugabeln an – sehr anstrengend sein müssen, noch durch menschliche Arbeitskraft verrichtet, kommt mir anachronistisch vor. (Sind die Wiesen anachronistisch? Die Wiesen sind steil. Gemäht wurden sie vermutlich mit Maschinen. Bauern aus dem Unterland staunen, wie die Senter Bauern an den Steilhängen das Gras mähen.)

Ich hab eine Frau im Bikini heuen sehen. – Die Bauarbeiter hier sind halb nackt, jünger und sehen besser aus als Bauarbeiter in Deutschland.

Wie grüßt man hier? Ich werde meist mit »Ciao« angesprochen, auch von Leuten, die ich nicht kenne, aber Matthias Overath meinte einmal, das gelte nur für Kinder. Ist »Allegra« zu förmlich? »Grüzi« finde ich für mich so albern, dass es mir schwer fällt, es als Gruß zu benutzen. (Dank, liebes Kind, daß du in Sent nicht Grüezi sagst! Auch in Zürich solltest du das nicht tun. Deutsche bekommen das nicht hin. Und sonst ist es wie mit den Öffnungszeiten der Post; wenn man sie kennt, ist es ganz leicht: morgens bis 11 Uhr Bun di; dann Allegra. Gegen Abend Buna saira. Ciao, romanisch übrigens: Chau, geht immer, aber nur zu Kindern und Jugendlichen oder wenn man sich vertraut ist und duzt.)

Ginger wälzt sich auf den frisch gemähten Wiesen und kratzt ihren Rücken. (Der Hund fehlt mir. Er ist alt. Wenn er tot ist, wird mich nie mehr jemand so ansehen, wie er mich ansieht.)

Der Schnee ist noch da. Ich habe aber das Gefühl, daß er sich zurückzieht. Die Berge haben längliche, auslaufende Schnee-Flecken wie Giraffen, von denen man ein Negativphoto gemacht hat.

Das Hotel im Val Sinestra ist eine totale Holland-Enklave. Sie bieten Ferien für 10 Tage oder mehr an: Dann wird ein Bus nach Holland geschickt, der sammelt die Leute ein, fährt sie nach Sent und bringt sie nach dem Urlaub wieder zurück. (Klar, und ich weiß auch, wer den Bus fährt: der gute Jürg mit dem Zigarillo im Mund, der Mann von Mina, der Schwager von Mengia.)

Die Nelken leben noch, die Waschküche stinkt nach Urin.
 (Dem Siebenschläfer geht es also gut!)

Dienstag, 29. Juni

Frühstück, am Nebentisch wird chinesisch gesprochen, an anderen russisch. Der Sprachpegel steigt. Es ist auch ein Spiel mit dem Verstehen und Nicht-Verstehen. Das Verstehen wagen, das Nichtverstehen aushalten. (Mein Umweg über die romanischen Gedichte. Das Nichtverstehen im Griff haben, es gestalten wollen.) Das Salz auf dem Nebentisch der »Chinesen« (die ja Chinesisch lernende Amerikaner sind): Jetzt nicht auf englisch um das Salz bitten, sondern auf deutsch! Und wenn ein amerikanischer Russischstudent eine amerikanische Chinesischstudentin kennenlernen will und er kein Chinesisch kann und sie kein Russisch, dann wird das auf diesem Campus kaum gehen.

Morgens ein totes Tier auf der Straße. Wir können es nicht identifizieren, aber beschreiben. Das war ein Opossum, sagt Doris.

Samstag, 3. Juli

Manfred und Matthias sind mit den Studenten Fußball schauen. Ich gehe in die Middlebury Sporthalle schwimmen. Alles ist hier überdimensioniert. Jeder Schwimmer hat eine abgetrennte Bahn für sich. Das Wasser ist behandelt. Nicht mit Chlor, mit etwas anderem, das ich nicht kenne. Fast schäumt es.

4. Juli

Ich sitze einem Mädchen gegenüber mit weißesten Zähnen. Die Zähne sind nicht nur weiß, sie haben einen glänzenden Schmelz. Jeder einzelne Zahn ist gerade und strahlt. Wenn sie spricht, sieht man zwei Reihen perfekter Zähne. So überperfekt, jedes Maß übersteigend, denke ich, können diese Zähne nicht ganz natürlich sein. Vielleicht sind sie aus Porzellan. Solche Zähne sind vermutlich sehr teuer, denke ich. Und dann denke ich, daß das ja auch ein seltsamer Verdacht ist. Sie ist noch Undergraduate, will im Herbst in Kärnten als Englischlehrerin anfangen. Ich kann ihr kaum zuhören, weil ich immer auf ihre Zähne sehe. Als sie aufsteht, sehe ich, daß sie sehr kurze Hosen trägt und dicke Oberschenkel hat. Aber die Beine stören nicht. Die Zähne sind stärker.

Mittwoch, 7. Juli

Es ist heiß. Die echten Chinesinnen, die Sprachlehrerinnen, gehen auf dem Campus unter Sonnenschirmen. Die Schönste von ihnen trägt ein kurzes Streifenkleid, ihr Sonnenschirm hat die gleichen Streifen.

Gestern im Schwimmbad eine ebenmäßig gebräunte, sportlich schlanke Frau im blauen Badeanzug. Sie sah vollendet aus. Ihre Zähne leuchteten. Immer sofort der Verdacht, daß das Schöne hier künstlich ist. Im Supermarkt stehen Reihen von Zahnbleichmitteln, Regale mit Selbstbräunern. Und ich beobachte nun genau Stufen von Bräunungen an nackter Haut. Die Kinder hier sind selten so gleichmäßig braun wie die Erwachsenen.

Wegen Straßenbauarbeiten mußte vor unserem Haus ein Stück Grünfläche umgegraben werden. Heute morgen war die Erde mit grünen Schaummassen bedeckt. Ich frage Doris. Klar, sagt sie. Im Schaum sind Grassamen. Wenn die grüne Farbe verblaßt, werde vermutlich noch einmal nachgespritzt. Und dann kommen auch schon die ersten Halme.
    Doris sagt, all die Rasenstücke vor den Häusern wer-

den stark mit Gift behandelt. Damit sie dicht und gleichmäßig grün wachsen. Sie sind künstliche Natur und unterstehen einem nachbarschaftsüberwachten Schönheitszwang. Kaum sind sie wenige Zentimeter hoch, müssen sie gemäht werden. Und wer seine Wäsche in den Garten hängt, sagt Doris, von dem glaubt man, er habe nicht das Geld für einen Trockner.

Die Collegegebäude stehen auf einer riesigen Rasenfläche, über die Wege aus großen Betonplatten führen. Immer wieder stehen Adirondack-Stühle auf dem Rasen. Ich kenne sie aus amerikanischen Filmen. Choreographie: Eine Studentin läuft auf dem Betonplattenweg rückwärts über das Collegegelände. Sie spricht laut über das College. Ihr folgen mögliche neue Schüler, mit ihren Eltern. Es sind mehrere solcher Gruppen unterwegs, die auf den Betonplatten-Bändern laufen, die die Gebäude verbinden. Dazwischen die breiten Stühle auf dem grünen Teppichrasen.

14. Juli

Auf dem Weg von der Mensa zum Unterricht ist es so heiß, daß ich an den Armen Gänsehaut bekomme. Die Haut reagiert auf die Hitze mit Erschauern.

15. Juli

Neuer grüner Schaum auf den frisch keimenden Grashalmen, der sich im Regen in grünen Matsch verwandelt. Wiesen mit Make-up.

Eine meiner Studentinnen, eine Lehrerin aus Colorado, schreibt: »Es sind da einige deutsche Wörter, die mich sprechen.«

16. Juli

Nach dem Unterricht regnet es so stark, daß ich die Sandalen ausziehe und barfuß nach Hause gehe. Die Betonplatten sind warm, an manchen Stellen bilden sich kleine Pfützen, aus denen Regentropfen zurückspringen.

17. Juli

Ich möchte Photos von Sent zeigen. Aber es öffnen sich Felder von einem Computerspiel, das ich nicht kenne. Matthias war an meinem Notebook. Meine Bilder sind verschwunden. Ich erschrecke. Die Spielaufforderungen lassen sich erst nach verschiedenen Versuchen löschen. Die Photographien bleiben weg. Ich fühle mich verletzt. Ich nehme das persönlich, denke ich.
Aber mein Notebook ist nicht mein Gedächtnis.

22. Juli

Silvia schreibt:
Und Uorschla sagt zu mir, als ich den Garten gieße: »Wie geht's den Amerikanern?«

24. Juli

Mail von Silvia:
Ich kam von der Arbeit. Der Kiesweg vom Val Sinestra nach Sent ist verführerisch, weil er leicht abfällt, man fast nicht bremsen muß. Ich weiß noch, daß ich dachte: wie schön, so ein Fahrtwind um die Schläfen. Man kann nicht hinter die Kurven sehen. Und da war plötzlich das Auto. Ich hab zu stark gebremst, bin auf die Straße gefallen. Zum Glück hat das Auto noch rechtzeitig gehalten. Ein Mann steigt aus, spricht mich auf romanisch an, packt mich unter den Schultern und setzt mich auf die Seitenbefestigung. Dann sagt der andere: Nein, das ist die kleine Overath. Und sie wechseln sofort auf deutsch. Ich bedanke mich halblaut, sage, das geht schon. Da sagt der andere: Du hast keine Farbe im Gesicht zum Velo-Fahren. (Fast amüsiert.) Ich blute auf den Autositz. Der Mann am Steuer sagt, er habe Wild beobachten wollen (auf dem Rücksitz liegen seine Sachen). Er habe hier schon alles gesehen mit diesen Velos. Er sei nicht wirklich überrascht gewesen, als er mich sah.
Er bringt mich bis vor die Haustür, stellt mein Rad

neben mich und sagt, ich soll euch grüßen. Er sei Herr Taverna, euer Schreiner. Am nächsten Morgen ruft er an und fragt, wie es mir gehe und ob ich in Ordnung sei.

(Wenn dein Tacho stimmt, komm ich auf der Strecke übrigens auf 45 kmh *g*).

(Der Geschwindigkeitsmesser an meinem Fahrrad ist in Ordnung.)

Ich rufe Silvia an. Am Morgen nach dem Unfall ist sie gleich zu Iris gegangen. Iris hat ihr Medikamente gegeben, die Wunden an Knie und Schulter verbunden. Silvia klingt heiter.

(Ich möchte ein Gedicht mit »tema« und »temma« schreiben, mit »Thema« und »Angst«.)

25. Juli

Im College ein Schumann-Vortrag. Die Referentin spricht über die Vertonung von Eichendorffs Mondnacht, über den Reiz der Unsicherheit der Tonart am Anfang. Eine Studentin fragt, was das sei: die Tonart. Die Dozentin schlägt zwei Töne an und dazu verschiedene Akkorde, in denen diese Töne vorkommen. Hören Sie, sagt sie, da könnten diese Töne dazugehören, oder auch dazu, oder dazu. Dann sagt sie, die Tonart ist die Heimat der Klänge, da, wo sie zu Hause sind.

30. Juli

Manfred bringt uns nach Burlington. Rückflug mit Matthias. Mein Schreib-Kurs war doppelstündig, deshalb bin ich früher fertig. Manfred hat noch zwei Wochen Unterricht.

31. Juli

Ankommen in Zürich, Paßkontrolle. Ein junger Mann sieht sich unsere Pässe sehr lange an. Dann fragt er: Wie stehen Sie zu diesem Kinde? Ich bin die Mutter, sage ich und beherrsche mich. Kaum sind wir durch die Paßkontrolle, biege ich mich in einem Lachanfall aus Übermüdung. Matthias lacht mit und sagt immer wieder: zu diesem Kinde, zu diesem Kinde, wie stehen Sie zu diesem Kinde! Er hat mich für die Großmutter gehalten, die ich leicht sein könnte. Aber warum fragt er danach? Ich habe mein Glück geschmuggelt.

Zürich Hauptbahnhof. Zürichsee, Walensee. Landquart. Gleis sechs. All die Wanderer. Aber wir fahren nach Hause. Durch die Felsenpforte ins Prättigau. Bei Klosters in den Tunnel. Es ist der Aqualino, der Morgenzug, der Reisende nach Scuol ins Bad bringen soll. Ich mag ihn nicht so, denn es gibt keine Durchsagen auf romanisch, dafür Landschaftserklärungen auf deutsch und englisch. Und im Tunnel geht eine Bahnangestellte mit einem Brett voll aufgeschnittener Wurst oder Bündnerfleisch und Ferienprospekten durch den Zug. Für Einheimische ist das ein bißchen albern. Viva la Grischa! prosten sich zwei ältere Paare, die keine Bündner sind, in sportlicher Ausrüstung zu. Sie haben sich einen Wein für die knapp 20 Minuten Tunnelzeit mitgebracht. Mit 19,042 Kilometern ist der Vereinatunnel der längste Schmalspur-Eisenbahntunnel der Welt.

Dann blinzeln wir ins Licht. Letzte Schneereste in den Felsspalten, aber man muß sie suchen. Engadiner Sommer. Am Bahnhof in Scuol steht Andreas. Zu Hause hat Silvia den Hund frisch gebürstet. Ein Freund aus Tübingen hat eine Suppe gekocht. Wie leicht das Leben ist.

Später, beim Einkaufen in Scuol sehe ich Brigitte von weitem auf dem Gehsteig. Sie sieht mich nicht; sie begleitet Feriengäste ihres Projekts Betreute Ferien. Sie beugt sich zu einem jungen Mann hinunter, der in schräger Haltung in einem Rollstuhl hängt. Ein zweiter junger Mann, auch im Rollstuhl, hält seine Arme in die Luft, als wolle er dirigieren.

1. August

Schweizer Nationalfeiertag. Die hohen Palazzi machen aus dem Dorfplatz fast einen geschlossenen Raum. Senter, Randulins, Feriengäste sitzen an Holztischen, essen

Fleischspieße, Würste. Es ist warm und die Schwalben kreuzen. Auf den Berggipfeln brennen die Höhenfeuer. Auf dem S-chalambert, dem Piz Uina, gegenüber auf dem Piz Ajüz, dem Piz Triazza, dem Piz Lischana, dem Piz San Jon. Die Senter wissen genau, wer aus dem Dorf welches Feuer entzündet hat. Ich muß fragen. Später stehe ich neben Ida und versuche, den Schweizerpsalm auf romanisch zu singen.

2. *August*

Silvia ist abgefahren; Andreas konnte ihre Arbeit im Hotel Val Sinestra übernehmen. Die Kinder sind in Sent nicht zu Hause, aber sie finden hier Ferienarbeit, und sie kommen auch gerne zum Skifahren. Und so haben wir sie doch einige Wochen, ja Monate im Jahr. Manchmal denke ich, vielleicht sind sie auf diese Weise länger bei uns, als wenn wir weiter in Tübingen gewohnt hätten.

6. *August*

Es hat bis zur Baumgrenze heruntergeschneit. Der Himmel ist weiß. Nebel steigen aus dem Tal weiß über das Grün der tieferen Hänge gegen das Weiß der bestäubten Gipfel.

14. August

Werner plant ein Sommerfest in der Buttega, dem Wohn- und Arbeitsprojekt für Menschen mit einer Behinderung in Scuol. Er hat Rut Plouda und mich zum Lesen eingeladen. Rut soll kurze Texte auf romanisch lesen; ich etwas auf deutsch. Rut hatte mir vorgeschlagen, daß sie einige meiner romanischen Gedichte liest. Jetzt höre ich meine Texte in ihrer romanischen Stimme. Auf einmal glaube ich ihnen. Dann lesen wir aus ihrem Buch über ihren verstorbenen Sohn, abwechselnd romanisch und deutsch.

17. August

Silvia startet gegen 13 Uhr in Hannover, fliegt über Heathrow nach New York. Manfred startet gegen 14 Uhr in Burlington, fliegt über Washington Dulles nach Zürich. Sie sind zur selben Zeit im selben Luftraum. Wo und in welcher Zeitzone sind sie sich wohl am nächsten?

18. August

Andreas fährt uns mit dem Auto zum Bahnhof nach Scuol. Matthias springt gleich auf den Bahnsteig. Manfred ist wieder da.

20. August

Uorschla und ihr Mann Curdin nehmen mich im Auto mit zum Heuen. Ihr Sohn Jöri fährt den Heuwagen; ihre Schwiegertochter Seraina wird nach der Arbeit im Architekturbüro nachkommen. Ich habe zum ersten Mal einen langen Heurechen in der Hand. Wir steigen eine steile Wiese hinauf. Das Gras ist schon geschnitten und getrocknet, wir werden es zusammenrechen zu Reihen, die später mit dem Heuwagen aufgenommen werden. Manchmal müssen wir die Mahden auch tiefer herunterziehen, bis das Gelände so flach wird, daß die Maschine darauf fahren kann. Die Arbeit ist anstrengend, aber auch lustig. Ich ziehe dieses grüne, wie gefiederte Blumenheuvolumen herunter, und es sind solche Mengen, daß ich bis zur Hüfte, zur Brust im Heu stehe. Manchmal verhakt sich der Rechen im Boden. Dann muß ich ihn kippen, bis er sich löst. Wenn man mit Gewalt zieht, verbiegen sich die Zinken. Beim Versuch, eine Zinke wieder zurechtzubiegen, bricht sie mir ab. Uorschla sagt, das macht nichts, im Winter richtet Curdin das Werkzeug wieder. Uorschla spricht romanisch mit mir. Seraina kommt mit blauem Kopftuch, Sonnenbrille und kurzen Hosen. Ich erkenne sie nicht gleich. Sie sieht aus wie ein Mädchen. Und dann sehe ich, wie sie mit dem langen Rechen in leichtem, wellenhaftem Schwung so über die Wiesen streicht, als könne das Heu gar nicht anders als ihr entgegenzufliegen. Manchmal arbeiten wir alle in einer Linie. Ich überlege, wann ich das letzte Mal intensiv körperlich mit jemandem zusammengearbeitet habe. Nach etwa drei Stunden ist die Wiese heufrei und grün, wie frisch gekämmt. Jöri ist zweimal mit dem Heuwagen gefahren. Manchmal steht der Transporter so schräg am Hang, daß ich denke, er muß kippen. Einmal sehe ich, daß Uorschla sich wegdreht, sie denkt das wohl auch. Das Heu, das wir heute eingebracht haben, reicht in etwa, um eine einzige Kuh über den Winter zu bringen. Seraina sagt, die Bauern sind auch Landschaftspfleger. Sie werden für das Mähen und Pflegen dieser Wiesen vom Staat subventioniert.

27. August

Letzten Sommer hat Andreas bei Not Vital im Parkin gearbeitet, dem Skulpturengarten am Westrand des Dorfs. Mit Andreas waren auch Manfred und ich manchmal im Garten. Aber bei der öffentlichen Freitagsführung habe ich noch nicht mitgemacht. Ich reihe mich unter die Touristen, die am Eingangsgatter stehen. Cla Rauch, der ehemalige Lehrer, führt. Er fragt: welche Sprache möchten Sie? Ich habe anzubieten: ein wohl ordentliches Romanisch, ein schlechtes Deutsch und ein schlechtes Schweizerdeutsch. Dann spricht er perfektes Hochdeutsch. (Immer wieder das Erstaunen über die souveräne Bescheidenheit der Senter.)

Diese Badewanne, sagt er, hat Not Vital aus Lucca

mitgebracht, er deutet auf das ausladende, geschwungene Marmorbecken, das am Ende eines Wiesenplateaus beim Eingang der Parkanlage steht. Heinrich Heine war in den Thermen von Lucca; er könnte in der Wanne gebadet haben.

Wo die schöne Wanne steht, hätte einst eine Villa mit Badezimmern gebaut werden sollen. Luzio Crastan, ein Randulin, Besitzer einer Zichorienfabrik in der Toscana, hat um 1926 die steile Wiese zwischen dem Bach und der Ruine der romanischen Kirche San Peder gekauft. Für ihn war es der ideale Ort für paradiesische Sommerferien und einen Alterssitz. Nikolaus Hartmann, der Architekt, der auch den spitzen Senter Kirchturm entworfen hat, wurde mit der Planung der Villa und der Parkgestaltung beauftragt. Es entstanden Wege, Treppen mit Innkieseln und einem Geländer, in das eine Wasserleitung integriert war, eine Pergolaterrasse mit Eschen (dem italienischen Weinlaub hat Luzio Crastan auf dieser Höhe nicht vertraut), ein kleines, halbrundes Schwimmbassin und eine Garage am Garteneingang zu einer Zeit, da es in Graubünden noch keine Autos gab. War es der Krieg, waren es andere Gründe – jedenfalls kam es nicht zum Bau der Villa und zur Verwirklichung des Alterstraums. Als Luzio Crastan 1965 starb, verwilderte der Garten. 1998 konnte Not Vital die alte Anlage kaufen, und er begann unter Einbeziehung der schon vorhandenen Parkstruktur einen Garten nach seinen Ideen und mit seinen Skulpturen anzulegen.

Ein moderner Randulin antwortete einem älteren. Die Marmorwanne aus Lucca, in der Heine gebadet haben könnte, zitiert ein nicht eingelöstes Projekt.

Für mich ist der Park ein ernster Spielplatz. An seiner steilsten Stelle steht, unmittelbar am Abhang, ein winziges Haus aus Muranoglas, wie ein Zimmer aus Eis. Da, wo der Park am tiefsten ist, hängt, dicht über dem tosenden Bach, eine geschwungene Holzhütte in der Form eines Schiffsbugs. Sie ist mit schwarzen Schaffellen ausgelegt, wie die Erfüllung eines Kindertraums. Von einer Felswand schauen Kamelköpfe herüber (bei der Biennale in Venedig ragten sie einmal je nach Ebbe oder Flut aus dem Wasser, als kämen sie direkt aus dem Meer), an einer andern hängt überdimensional der Schnauzbart von Nietzsche. Gleich daneben ist ein Rechteck aus 24-karätigem Gold in den Dimensionen des Goldenen Schnitts aufgetragen. Es heißt: Tor zur Hölle oder Fenster zum Himmel. Eines der jüngeren Objekte ist das Kuchenstückhaus, Not Vitals Vorschlag, das Problem der Zweitwohnungen zu lösen: Das hellgrüne Kuchenstückhaus mit dem rasenbewachsenen Flachdach ist, je nach Bedarf, in der Wiese versenkbar.

Es gibt in diesem Garten Türme, auf die ich nicht steige, und Brücken, über die ich nicht gehe. Mutwillige Herausforderungen zu Grenzsituationen, etwa die Brücke aus metallenen Eselsköpfen, die auf fünf Meter hohen, schmalen Stelen angebracht sind. Tritt man auf die einzelnen Köpfe, geraten die Stelen ins Wanken, und auch wenn man sich rechts und links an einem mitlaufenden Seil festhält, bleibt die Brücke unruhig. Sie schwankt umso mehr, je weniger man selbst im Gleichgewicht ist. Wir sind 14 Besucher, nur einer wagt es hinüberzugehen. Es ist ein Bergsteiger. Es gibt diese Brücke auch in einer niedrigeren Ausführung. Die schaffe ich.

Silvia, Andreas, Matthias und Manfred gehen auch über die hohe Brücke, lächelnd. Ich gehe nicht, ebenfalls lächelnd. Ich glaube, ich würde es spüren, wenn ich gehen kann, und dann gehen.

Nots Eltern kamen aus dem Uina-Tal. Sie waren Bauern. Sein Großvater hat mit Holz gehandelt und Holz transportiert. Not ging in Sent in die Schule, zwei Jahre aufs Gymnasium in Chur. Der Schweizer Kunsthistoriker und Sammler Max Huggler, der in Sent ein Maiensäss hatte, wurde auf den jungen Mann aufmerksam und förderte ihn. 1968 nach Paris, dann auf die Kunstschule in Vincenne. Reisen. In New York sei er fast verhungert, erzählt Not manchmal.

Not wird unterstützt von seinem Bruder Duri, dem Architekten, der hilft, seine Ideen zu realisieren. Sein Neffe Mario hat die Hängebrücken im Val Sinestra gebaut; sein Großneffe Fadri hing bei Matthias' Geburtstag halsbrecherisch an unserem Balkon.

Wir kommen zur ehemaligen Bocciabahn, wo nun ein Biotop mit Seerosen angelegt wurde. Ich sehe, daß die Kois noch leben. Andreas war letztes Jahr dabei, als sie in Zürich gekauft wurden. So teure Fische, hat er damals gesagt.

29. *August*

Fußballturnier. 8.15 Uhr. Wir treffen uns am Dorfplatz, fahren gemeinsam mit den Autos voller Kinder, Taschen, Decken, Sonnenschirme, Klappstühle, Hunde hinunter nach Scuol. Der Rasen auf dem Sportgelände ist noch naß vom Tau. 34 Mannschaften aus dem Unterengadin und dem Val Müstair werden gegeneinander antreten. Sent stellt fünf Mannschaften (Sent United, Newcastle Sent, Minikickers, Inter Sent, Juventus Sent). Die Trainer beginnen, die gesponserten Mannschaftstrikots an die Spieler zu verteilen. Die jüngsten Kicker sind sechs Jahre, die ältesten sind 16. Es gibt reine Mädchenmannschaften; viele Mannschaften aber sind gemischt. Der Scuoler Rasen ist in drei Felder aufgeteilt, so daß nebeneinander gespielt werden kann. 8.50 Uhr: Über Lautsprecher werden von einem Turnierwagen die ersten Mannschaften aufgerufen. 9.00 Uhr Anpfiff. Die Spiele dauern zweimal sieben Minuten. Das Turnier endet mit der Preisverleihung gegen 17.30 Uhr. Turniertage sind Sieben-Minuten-Tage ohne Zeit. Um die Spielfelder, auf denen in Haufenbildungen gekämpft wird, schlendern Passanten, Großeltern, Onkel, Tanten, Kinder torkeln in überdimensionierten Trikots, schöne Mädchen flanieren und zeigen ihre langen Beine, Knaben kicken sich spielerisch Bälle zu. Kinderwagen werden geschoben, Hunde ziehen an Leinen, schnuppern. Die Sonne scheint und es ist kalt. Weiße Quellwolken ziehen über ein tiefes Himmelsblau. Die Gipfel der Berge sind weiß. Ab 11 Uhr wird der Grill angefeuert; dann gibt es Würste. Die Frauen bieten selbstgebackene Rüeblikuchen, Schokoladenkuchen, Nußtorte, Sahneschnitten an. Aus einer Kühltruhe wird Eis verkauft. Wir sind einen ganzen langen Tag draußen, sehen Antritte, Pässe, Flanken, Tore, feuern an und trösten, reden über die Kinder, den diesjährigen Steinpilzsegen, das Fischen und ob es schwierig sei, das Angelpatent zu machen. (Ich mußte es Matthias für nächstes Jahr versprechen. Wenn ich das Patent habe, darf er mit mir angeln. Alleine angeln darf er erst, wenn er 14 Jahre alt ist.) Am Abend haben wir alle ein bißchen Sonnenbrand im Gesicht. Die Luft aber riecht nach Schnee.

30. August

Ich habe erst nachgefragt: Aber die Sekretärin schrieb, es sei kein Problem. Ich müsse nicht Romanisch können. Und meine Gedichte hätten gefallen.

Ich bin in die »Uniun litteratura rumantscha« eingetreten. (Ich setze darauf, daß sie mich als Maskottchen akzeptieren.)

Auf dem Dorfplatz Iris. Sie schaut gegen die Berge. Schön heute, sage ich. Sie nickt. Und ich freue mich auf den Herbst, sage ich, auf diese Farben. Ja, sagt sie, ich warte immer auf die erste Birke, die gelb wird im Hang. Das ist dann wie ein brennendes Streichholz und bald leuchtet der ganze Wald.

31. August

9.00 Uhr. Über Nacht ist der Schnee gekommen. Im Dorf regnet es, aber man könnte ein kleines Stück Richtung Waldrand hinaufgehen und dort durch die Schneeflocken laufen.

Tagsüber Sonne und kalt. Schneelicht.

Esther kommt vorbei, sie hat in Scuol die beiden Buchhändlerinnen vom Chantunet da cudeschs für eine Radiosendung interviewt. Sie feiern dieses Jahr ihr 15-jähriges Jubiläum.

Ich koche Nudeln mit Mozzarella und Tomaten. Matthias kommt von der Schule. Wir essen zusammen. Bevor Esther fährt, graben wir Minze aus dem Garten aus. Sie will sie in Chur pflanzen. Was machen deine Reben, fragt sie. Ich zeige ihr die schon fast blauen

Trauben. Sie werden noch reifen. September und Oktober können sonnig sein.

Am Abend. Ich sehe eine Jägerin in grüngrauer Jägerkleidung aus einem Haus kommen. Sie ist schmal. Sie trägt einen großen Rucksack, einen Schlafsack unter dem Arm, ein Gewehr. Ich will sie grüßen, aber sie biegt schon ab. In wenigen Stunden beginnt die Jagd. Sie hat sich nicht mehr umgedreht.

Nächstes Jahr, denke ich, könnte ich fragen, ob sie mich mitnimmt.

1. September

Mengia ist gekommen.

Sie schneidet mir die Haare und erzählt:

Als ich dann 16 war, nein eigentlich 15 (16 bin ich ja erst im September geworden), da bin ich nach Chur in die Lehre. Und weißt du, wir haben ja nur Romanisch gekonnt und ein bißchen Hochdeutsch aus der Schule. Aber es gab noch kein Fernsehen, wir konnten nur das Deutsch aus der Schule. Und da muß ich heute noch lachen, wenn ich daran denke. Da sagte mir mein Lehrherr: Mengia, tuasch d Schtäga putza. Und ich habe genickt. Putza habe ich schon verstanden. Aber Schtäga? Ich bin also hoch und habe den Eimer und den Lappen bereit gemacht und immer gedacht, was ist wohl Schtäga? Und da rief mein Lehrherr von unten: Mengia, fängst du nicht an? Und da bin ich eben runter und habe gesagt, daß ich nicht weiß, was Schtäga ist. Da ist er mit mir hinauf und hat den Lappen genommen und hat mir auf den Knien ganz langsam gezeigt, was ich machen soll. Dann hat er leise gesagt: die Treppe putzen. Ja, habe ich gesagt, Treppe, das verstehe ich! Aber Schtäga habe ich nicht gekannt.

Wir haben ja nicht Schweizerdeutsch gelernt in der Schule, nur Hochdeutsch. Und der Unterricht in Chur war dann im Dialekt und ich habe mitgeschrieben und am Abend bin ich immer dagesessen und habe versucht rauszubekommen, was das heißt. Ich kannte die Wörter im Churer Dialekt nicht.

Wenn die Touristen kamen, im Sommer, das war dann nach dem Krieg, mit den Autos, und wenn sie auf dem Dorfplatz gehalten haben, da sind wir davongelaufen. Wie die Wilden, wie im Dschungel; manchmal habe ich gedacht, das ist jetzt wie im Dschungel. Denn wir wußten, die fragen uns gleich was. Die wollen wissen, wo die und jene Familie ist, bei der sie in den Ferien wohnen. Und wir haben das dann schon verstanden, aber wir konnten es unmöglich erklären, auf deutsch oder auf schweizerdeutsch. Also sind wir gerannt.

Es war schön damals. Im Sommer waren wir bis um zehn Uhr abends draußen. Die Alten saßen auf den Bänken, und wir haben gespielt, Pingpong, Ball, so halt. Es gab ja kein Fernsehen, also wir waren draußen. Und sonntags gab es 20 Rappen und da sind wir Eis kaufen gegangen. Hier im Haus, da war mein Großvater Bäcker, und dann hat das der Bruder meines Vaters übernommen. Und der hatte eine Gefriertruhe. Mit Eis. Und sonntags, da standen hier Schlangen vor dem Haus, um ein Uhr, nach dem Mittagessen, gab es Eis.

Welche Sorten?

Das kann ich dir nicht mehr sagen, aber in solchen Hörnchen.

Was hat dein Vater gemacht?

Der Bruder hat studieren dürfen, Tierarzt, und der andere hat die Bäckerei übernommen. Und mein Vater war sehr intelligent, aber es war nicht genug Geld da, um alle studieren zu lassen, also hat er Lastwagenfahrer gelernt. Das war ein bißchen schade.

Mengia, einmal war ich bei dir eingeladen, zum Pizzaessen. Weißt du noch? Und da war auch eine ältere Frau, die hat erzählt, daß man sich einmal im Jahr, und zwar an Chalandamarz, die Haare gewaschen hat. Ich glaube nicht, daß das stimmt.

Doch, das stimmt. Weißt du: Chalandamarz! Da mußten die Mädchen schön sein. Da wollten wir tanzen am Abend. Und da haben wir die Haare gewaschen und auch gebadet. Also gewaschen haben wir uns schon immer, aber gebadet nicht. In so einem Zuber. Und es gab nicht für jeden frisches Wasser.

Aber Mengia: Haare waschen, einmal im Jahr!

Wir hatten keine fettigen Haare. Das glaubst du! Wir trugen Zöpfe. Es war nicht nötig, die Haare so oft zu waschen. Man sagte auch, so viel Wasser sei nicht gut für die Haare. Manchmal kam die Mutter mit ein wenig Watte, die sie in Spiritus getunkt hat, und hat uns über die Haare gewischt.

Wir hatten nicht viel Geld damals. Wir waren alle gleich. Also gut, die einen hatten ein bißchen mehr, aber im Grunde waren wir alle gleich. Das war gut.

Und die Randulins? Wenn sie kamen, hattet ihr Kontakt zu ihnen?

Ja schon. Ich war oft neidisch. Da saßen sie im Garten vom Rezia und tranken Kaffee und wir mußten Heuen gehen. Die mußten nie arbeiten. Und dann nahmen sie sich die Mädchen, die gerade mit der Schule fertig waren. Die mußten dann in ihren Häusern arbeiten. Ich glaube, sie wurden ausgenutzt. Sie durften auch nicht am Tisch mitessen, sondern mußten abseits in der Küche essen. Ich habe das nie gemacht, aber ich weiß es von Freundinnen. Und in den Geschäften haben sie gehandelt. Sie kauften so ein kleines Stück Käse und haben gehandelt. Ich mochte das nicht. Später war es dann wieder anders. Da hatten sie dann auch nicht mehr so viel Geld.

Wenn du dir etwas wünschen dürftest für Sent, was wäre es?

Oh, ich würde mir schon etwas wünschen für Sent! Ich würde mir wünschen, daß nicht alles verbaut wird. Daß es nicht so wird wie im Oberengadin. Und unsere Traumpiste, die soll auch nicht mit dem Samnaun verbunden werden. Das muß nicht sein. Natürlich muß ein Dorf leben. Die Jungen brauchen Arbeit hier. Wenn sie hier nicht mehr leben können, weil sie hier keine Arbeit finden, dann ist das auch nicht gut fürs Dorf. Dann leben hier nur noch die Alten. Man muß einen Mittelweg finden.

Es gibt noch leer stehende Häuser im Dorf, die man ausbauen könnte, oder auch Heuställe, wo es Platz für Wohnungen gäbe?

Ja, es gibt alte Häuser, die leer stehen.

Mengia hat mir die Haare geschnitten. Seit ich in Sent wohne, schneidet mir Mengia die Haare und erzählt.

Nachwort: Wie es zu diesem Buch kam

Ende Juli 2007 zogen mein Mann, Manfred Koch, unser jüngstes Kind Matthias und ich von der Universitätsstadt Tübingen in die Berggemeinde Sent im Unterengadin. Mitte August kam Matthias, damals 7 Jahre alt, in die zweite Klasse der Senter Grundschule, Unterrichtssprache Rätoromanisch. Unsere beiden älteren Kinder blieben in Deutschland; Silvia (Jahrgang 1986) studierte schon, Andreas (Jahrgang 1988) begann mit dem Ersatzdienst.

Im Winter 2007 plante die Zeitschrift »Piz. Magazin für das Engadin und die Bündner Südtäler« eine Ausgabe zum Thema »Hinter den Kulissen«, und ich sollte erzählen, wie es ist, wenn aus einer Ferienfamilie Dorfbewohner werden. Aufgrund dieses Textes (erschienen im Sommer 2008) entstand in der Programm-Abteilung des Luchterhand Verlags die Idee für ein Buch. Viele Menschen, sagte mein Lektor Klaus Siblewski, träumen davon, an ihren Ferienort zu ziehen. Aber ihr habt es wirklich gemacht. Wie ist das also? Wir saßen zusammen im Münchner Stadtcafé. Ich dachte an eine Art Senter Tagebuch. Doch ich würde im Sommer in Amerika sein und auch sonst viel reisen. Das Wegsein gehört vermutlich dazu, sagte der Lektor, das Zurückkommen auch. Und mir fiel der Satz aus Handkes »Gewicht der Welt« ein: »Ich übte mich nun darin, auf alles, was mir zustieß, sofort mit Sprache zu reagieren.«

In Notaten begann ich, Augenblicke des Alltags festzuhalten. Im Lauf der Aufzeichnungen aber änderte sich mein Verhältnis zu dem Ort, an dem wir lebten. Ich begann zu recherchieren; ich wollte mehr wissen über die Geschichte dieses romanischen Dorfs der Bauern und Zuckerbäcker, der Handwerker und Feriengäste. Zunehmend erwies sich Sent, das Dorf der Auswanderer und Zurückgekommenen, als ein Kristallisationspunkt für Fragen nach Heimat und Fremde, Identität und Entwurzelung. Und in den Sehnsüchten der Feriengäste brachen sich im Bergdorf die Lebensentwürfe einer globalisierten Welt.

Ein drittes Thema kam hinzu. Unser Sohn Matthias lernte sehr schnell Vallader, das rätoromanische Idiom des Unterengadins. Auch mein Mann konnte sich bald in einfachen Sätzen unterhalten. Ich hatte weiterhin große Schwierigkeiten, Romanisch zu sprechen, was vermutlich nicht nur mit Wortschatz und Grammatik zusammenhing. Um eine Identität in der fremden Sprache zu finden, habe ich während der Aufzeichnungen begonnen, einfache Gedichte auf vallader zu schreiben: »Poesias dals prüms pleds«, Gedichte aus den ersten

Wörtern. Ich übte mich darin, auf Sprache mit Sprache zu reagieren. So schloß sich der Kreis.

Ich möchte mich bei allen Menschen entschuldigen, die, auch wenn sie mit mir leben und mir wichtig sind, in diesem Buch nicht vorkommen. Mehr aber noch möchte ich die um Verzeihung bitten, die vorkommen: ich habe mir ein Bildnis von ihnen gemacht und sie damit in erzählte Figuren verwandelt.

E finalmaing: Ün cordial grazcha fich a meis cumün da Sent per la buna accoglientscha.

Sent, im September 2010